THE  TIMES

FIENDISH
Su Doku Book 6

THE TIMES

FIENDISH
Su Doku
Book 6

First published in 2013 by Times Books

HarperCollins Publishers
1 London Bridge Street
London SE1 9GF

www.harpercollins.co.uk

© 2013 Puzzler Media Ltd

All individual puzzles copyright Puzzler Media – www.puzzler.com

10 9 8 7 6

ISBN   978-0-00-746518-7

A catalogue record for this book is available from the British Library.

Layout by Susie Bell – www.f-12.co.uk

Printed and bound in Great Brirain by CPI Group (UK) Ltd, Croydon CR0 4YY

MIX
Paper from
responsible sources
FSC C007454
www.fsc.org

FSC™ is a non-profit international organisation established to promote
the responsible management of the world's forests. Products carrying the
FSC label are independently certified to assure consumers that they come
from forests that are managed to meet the social, economic and
ecological needs of present and future generations,
and other controlled sources.

Find out more about HarperCollins and the environment at
www.harpercollins.co.uk/green

Contents

Introduction

Welcome to the sixth edition of *The Times Fiendish Su Doku*. This is the premiership level of Su Doku, because Fiendish puzzles are the ones used in *The Times* National Su Doku Championship and World Su Doku Championship. You can find harder puzzles, and some Super Fiendish are included at the end of this book to whet your appetite, but Fiendish are the hardest that can be solved in a reasonable time without any element of luck.

This introduction assumes that you are already experienced with the techniques required to solve Difficult puzzles. When you apply these techniques to a Fiendish puzzle, you will find that at some point you get stuck. A big difference between Difficult and Fiendish puzzles is that you need to be very thorough with a Fiendish puzzle because, whereas with Difficult puzzles there are multiple paths to the end, Fiendish puzzles only have one path, so you must ensure you do not miss it. In particular, you need to systematically check each row and column, identifying which digits are missing, and then if:

    a) any of the empty cells can only have one of the digits in it, or

    b) any of the digits can only go in one of the cells.

If you are a beginner you can do this by filling in the possible digits in each cell by hand, but to be fast you need to be able to visualise them in your head. Having made the checks, however, you are still likely to get stuck at some point with a Fiendish puzzle, and you will need to use a more sophisticated technique to progress. The following techniques are the most useful ones, and these should enable you to break through to the path to the finish.

Inside Out

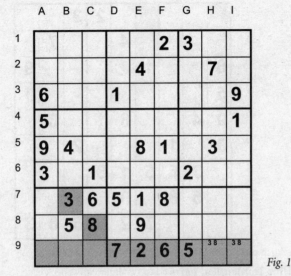

Fig. 1

Most Fiendish puzzles require this technique at some stage, so it is a very important one. Some even require it to get started. In Fig. 1, for example, row 9 is missing 3 and 8, but these are included elsewhere *inside* the bottom left region (B7 and C8), so they cannot be in A9, B9 or C9. They must therefore be in the empty cells in row 9 that are *outside* the bottom left region, i.e. H9 and I9. Since column H already contains a 3, H9 must be 8 and I9 must therefore be 3.

Scanning for Asymmetry

Fig. 2 overleaf illustrates probably the most common sticking point of all. By scanning the 8s vertically it can be seen that the 8 in the top left region can only be in row 1 or row 2 (A1 or A2) and, likewise, the 8 in the top centre region can only be in the same two rows (D1 or D2). Therefore, as there must be an 8 in row 3 somewhere, it has to be in the top right region. The only cell in the region that can have an 8 in row 3 is G3 (because column H already has an 8 in it), so G3 is resolved as an 8.

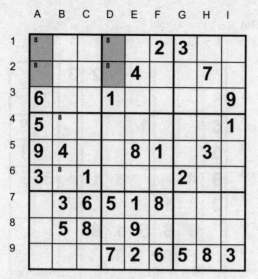

Fig. 2

Filling In Identical Pairs

One thing that top players always do is to fill in identical pairs, as shown in Fig. 3:

- E6/F6 can be identified as the pair 5_7, either by scanning for asymmetry in the 7s across the middle regions (and scanning the 5s), or by filling in row 6 (they are the only cells that can contain 5 and the only cells that can contain 7).
- A7/A8 are the pair 2_7 from scanning 2 and 7 along row 9.
- C4/C5 are also 2_7 because they are the only digits remaining in the region. Likewise with the pair 3_4 in D8/F8.

The great benefit of filling in each pair is that it is almost as good as resolving the cells from the point of view of opening up further moves. In this case, the fact that D8 or F8 is a 4 means that G8 can only be 1 or 6 (note that it cannot be 7 because column G already has a 7 in either G4 or G5); therefore G2/G8 are another identical pair of 1_6. It is now easy to resolve: G5=7 (because it is the only digit that is possible) -> C5=2 -> C4=7 -> D4=2 -> D5=6 -> H4=6.

Fig. 3

	A	B	C	D	E	F	G	H	I
1						2	3		
2					4		16	7	
3	6			1			8		9
4	5	8	27				7		1
5	9	4	27		8	1	7	3	5
6	3	6	1		57	57	2		8
7	27	3	6	5	1	8			
8	27	5	8	34	9	34	16		
9				7	2	6	5	8	3

Fig. 4

	A	B	C	D	E	F	G	H	I
1						2	3		
2					4		16	7	
3	6			1			8		9
4	5	8	7	2		49		6	1
5	9	4	2	6	8	1	7	3	5
6	3	6	1	49	57	57	2		8
7	27	3	6	5	1	8			
8	27	5	8	34	9	34	16		
9				7	2	6	5	8	3

Cross

In Fig. 4, Row 5 already has 4 and 9 resolved, and so does column E. Where they cross, in the centre region, two empty cells (F4 and D6) are left untouched and must therefore be identical pairs of 4_9. This resolves E4 as 3.

This is not such a common technique, and will not appear in every puzzle; however, it can be the only way to start some Fiendish puzzles and can be crucial to break through to the finish of some others.

The techniques up to this point should be enough for you to solve every Fiendish puzzle. The example is, however, a Super Fiendish and requires some more sophisticated techniques.

Impossible Rectangle

Fig. 5

In Fig. 5 the central columns have now been filled in, revealing what is probably the most useful of the techniques for Super Fiendish Su Doku. The four cells E3/F3/E6/F6 make the corners of a rectangle. If each corner contained the same pair 5_7, then there would be two possible solutions to the rectangle – 5/7/7/5 and 7/5/5/7. If there were two possible solutions to the rectangle, then there would be two possible solutions to the puzzle, but we know that the puzzle to have only one solution, so a rectangle with the same pair in each corner is impossible. The only way to avoid an impossible rectangle is for F3 to be 3; hence this is the only possible solution. The final breakthrough has now been made and this puzzle is easily finished.

Trial Path (Bifurcation)

Finally, we come to the 'elephant in the room'. It is not necessary to use this technique to solve Fiendish puzzles – they can always be solved more quickly without it, but it does always work, so it is very useful as a last resort or when you are new to Fiendish puzzles. It always works for Super Fiendish puzzles and is the fastest way to solve them. It is, however, highly controversial because some people refuse to use it on the basis that it is guessing. This is not true because, if applied systematically, it is logically watertight; it is just inductive rather than deductive, i.e. it uses trial and error. It is also one of the fundamental

	A	B	C	D	E	F	G	H	I
1				89	6	2	3		
2				389	4	359	16	7	
3	6			1	57	357	8		9
4	5	8	7	2	3	49	49	6	1
5	9	4	2	6	8	1	7	3	5
6	3	6	1	49	57	57	2	49	8
7	27	3	6	5	1	8	49		
8	27	5	8	34	9	34	16		
9				7	2	6	5	8	3

Fig. 6

techniques used by the computer programs that generate the puzzles
As an example, let's go back to the point where we used the impossible
rectangle in Fig. 6.

The idea of trial path is to choose a cell that only has two
possibilities, and try one of them. If it works and solves the puzzle,
then job done. If it fails, i.e. if you end up with a clash, then the other
digit must have been the correct one, and you need to retrace your
steps and enter the correct one instead. In Fig. 6, for example, cell E3
can only be 5 or 7, so if you try 5 first and it leads to a clash, you know
it must be 7. The difficulty with this technique is that you can easily
sink into a quicksand of confusion. To do it in a clear, systematic way I
recommend:

- getting as far as possible before taking a trial path. This is because
  you don't want to try a digit and end up in a dead end, i.e. when
  you do not know if it is the correct digit or not. The further you
  get through the puzzle before you take a trial path the less likely
  this is to happen.
- marking every cell that you know is correct in ink before you
  start solving along the trial path, and then marking the trial path
  in pencil. Then you can get back to where you were by erasing
  everything in pencil if you need to.
- picking a pair that will open up more than one path. In this
  example, E3 is an identical pair with E6, which is also an identical
  pair with F6, so two paths will actually be started, one from E3
  and one from F6. The more paths you can start, the less likely you
  are to end up in a dead end.

The techniques that have been described here will be enough to
enable you to solve every puzzle in this book. With practice you will
also be able to do each in a fast time. Good luck, and have fun.

Mike Colloby
Secretary, UK Puzzle Association

Fiendish

						9		
				2	1		8	
6	2		7	9			4	
		6		7			9	8
	1							7
		2		8			5	6
4	3		2	1			7	
				3	7		1	
						5		

			7		6			
		9				6		
	2	6	4		8	1	7	
1		5	6		2	7		4
8		3	9		7	5		6
	5	2	1		4	3	8	
		1				9		
			5		9			

Fiendish

4			8		9			5
		3				2		
	9						4	
			3		4			
		7	5		1	6		
5		6		3		7		4
	3			8			9	
	1			5			6	

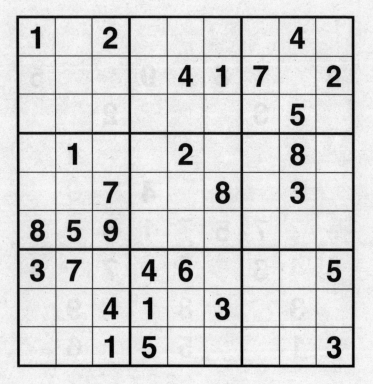

					8		3	
		3			2	6	7	1
3		1		2			4	7
	7		1		3		9	
6	2			7		5		3
1	4	7	6			3		
	6		9					

Fiendish

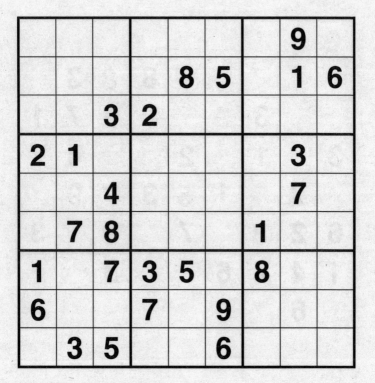

Fiendish

6								1
						8		
			9	7		2	5	
4	2			5		7		
3	5	8				9		
	3	4	1					
5		7	3	2				
	8		6	9				3

Fiendish

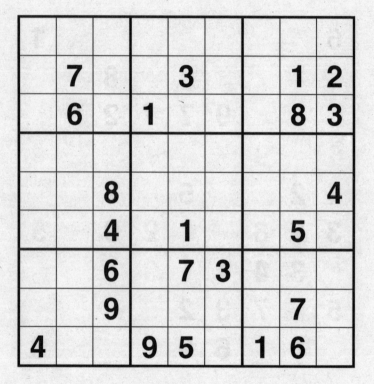

Fiendish

							4	9
			3	9			6	
			2	8	4	3		
6		9	7				2	4
7	1				2	9		5
		2	9	1	3			
	6			4	5			
3	4							

Fiendish

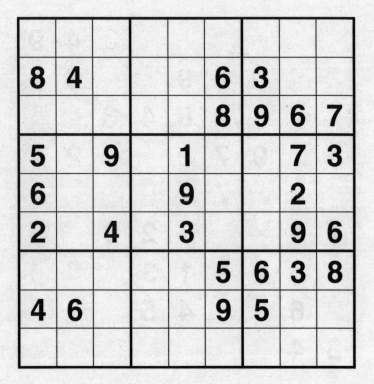

Fiendish

			1			3		
2					7		8	6
1	7						4	5
			3				9	1
			7	2	9			
7	9				6			
8	5						6	4
9	2		8					3
		3			5			

Fiendish

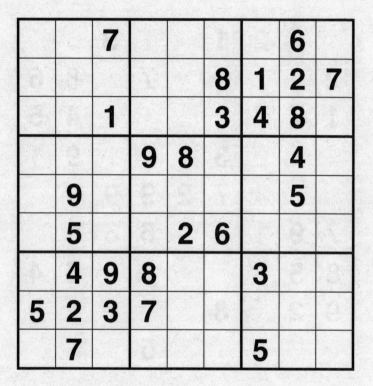

Fiendish

	9	2	5		1	3	6	
	8	7				4	5	
	4	9	8		5	7	1	
		3				9		
	2	1	9		7	6	8	
	3	6				8	7	
	5	4	7		9	1	3	

Fiendish

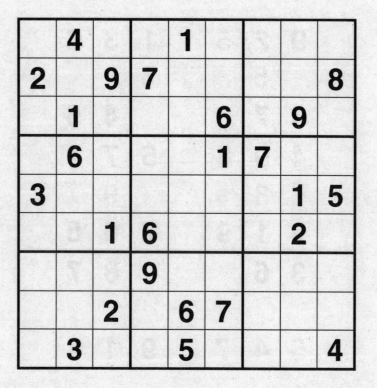

Fiendish

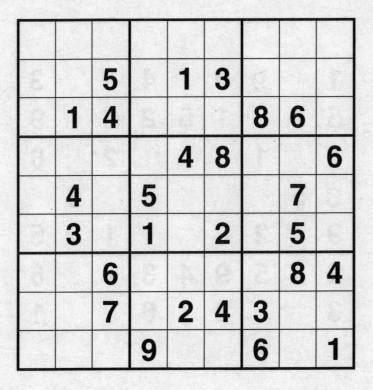

Fiendish

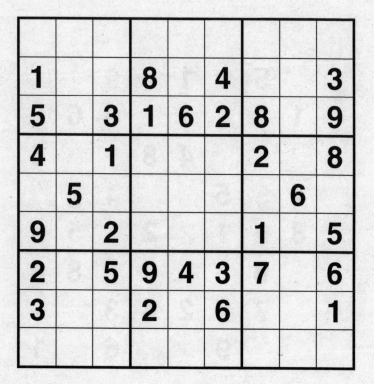

Fiendish

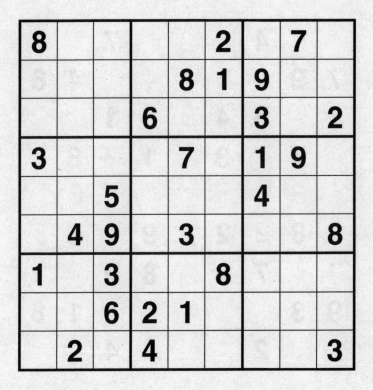

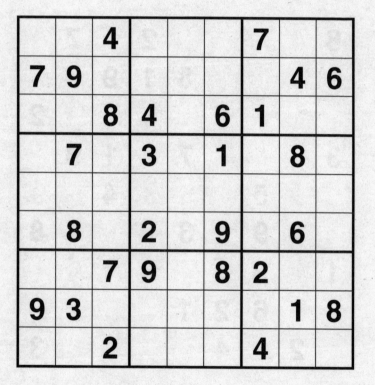

Fiendish

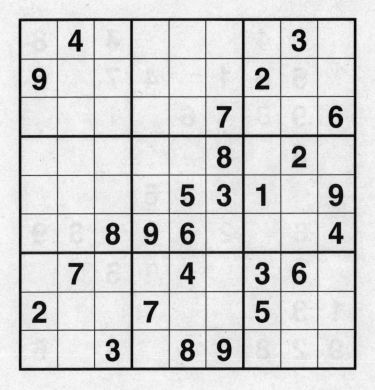

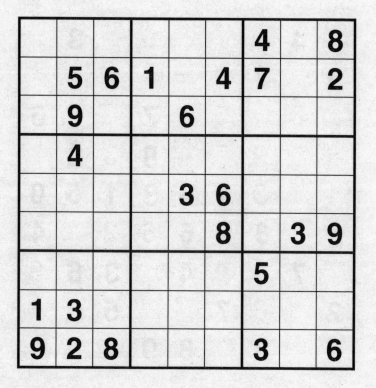

Fiendish

					8		7	
		7	4					
	8		6				9	3
8		9			4	3		
	7	3	1				5	6
5		1			6	2		
	1		9				3	8
		8	5					
					3		6	

Fiendish

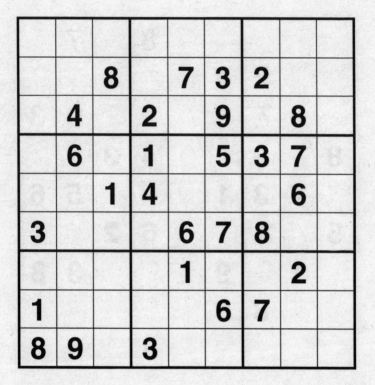

Fiendish

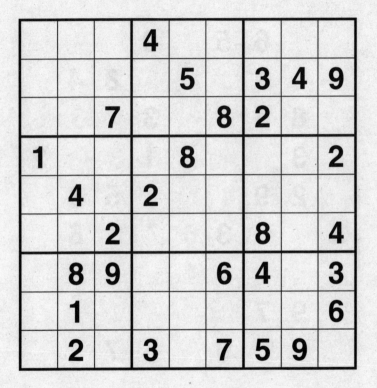

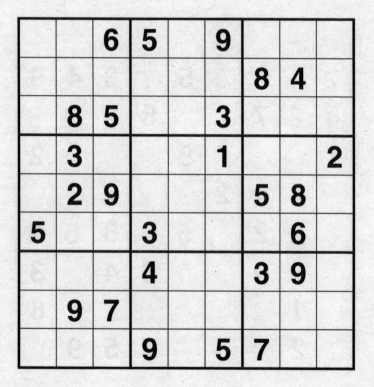

Fiendish

2			3		7			1
4	3						9	6
			2		9			
		2				4		
8	9			5			6	3
	2	4	1		5	9	8	
7		8		9		1		4

Fiendish

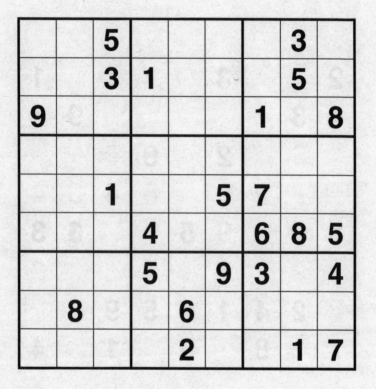

Fiendish

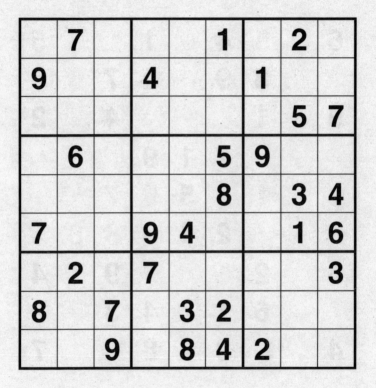

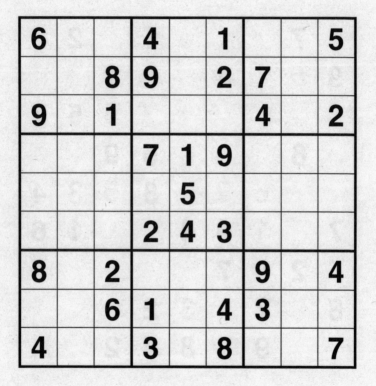

Fiendish

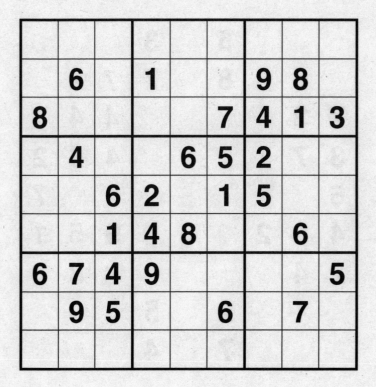

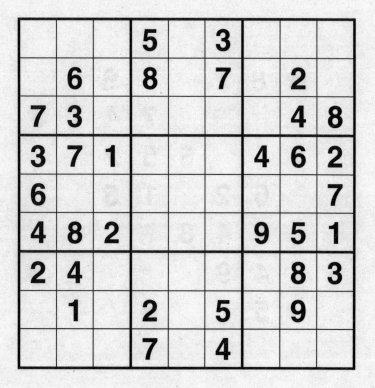

Fiendish

	4	8				6		
			9		7		4	3
			7			3		2
	9				6		1	
5					3			9
		2			4	8		5
7			8		9	4		6

Fiendish

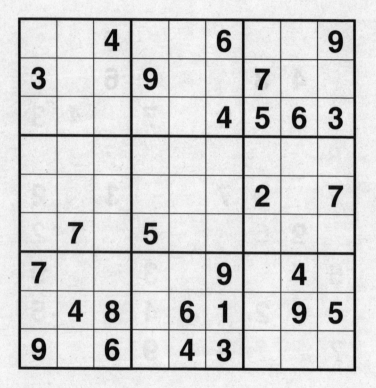

Fiendish

			3			9	4	
		3		4	7	6		
					6		7	
8						7	5	
2		9				1		4
	7	6						2
	5		9					
		1	7	2		5		
	2	7			5			

Fiendish

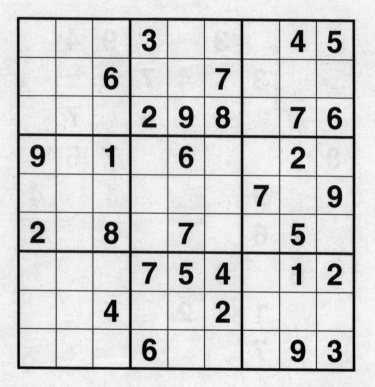

Fiendish

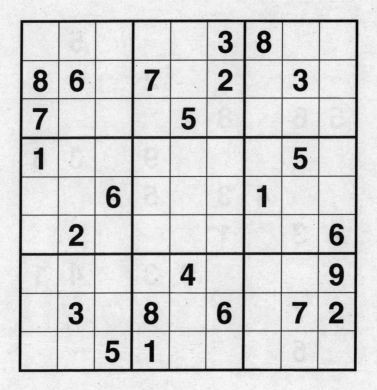

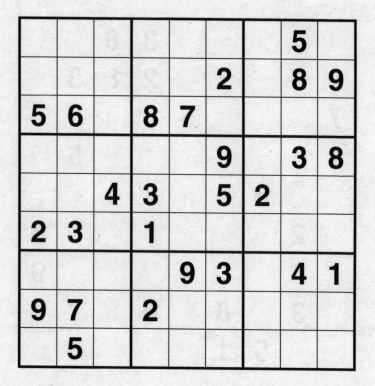

Fiendish

		7	4				2	
3				6		8		
					9			5
	2		8					
			9	3	7			
					5			7
	6					2		
2	9				3	5		4
						9		3

Fiendish

						2		
			9		3	7	6	
				2	6		4	3
	5					6	8	
9	7	6	4			1		
	8			6			7	
	6	1		8				
	9	8	3	7	5			
7				1				

Fiendish

5		4	2		7	8		6
	8		6		5		2	
	9	3				1	4	
	6		4		3		9	
	4	5				2	6	
	3		5		1		8	
4		6	9		2	3		1

Fiendish

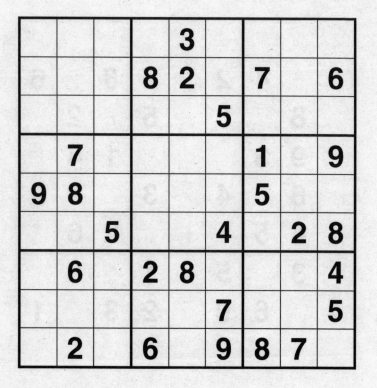

Fiendish

			6					
			1			7	8	5
	5				8	4		
4	3	8		2				7
	6							3
5	7	2		6				1
	2				5	3		
			8			5	7	2
			9					

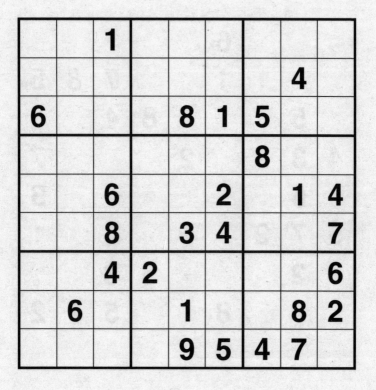

Fiendish

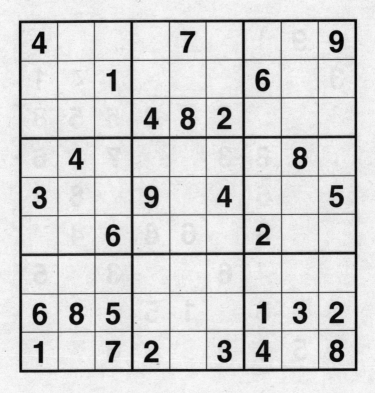

Fiendish

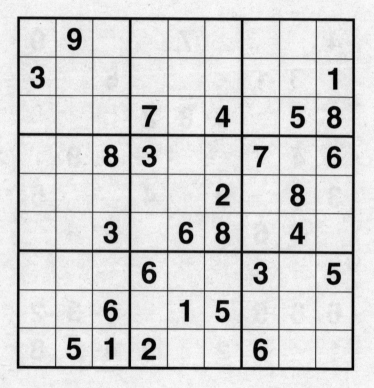

Fiendish

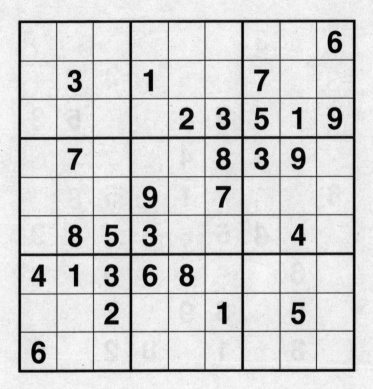

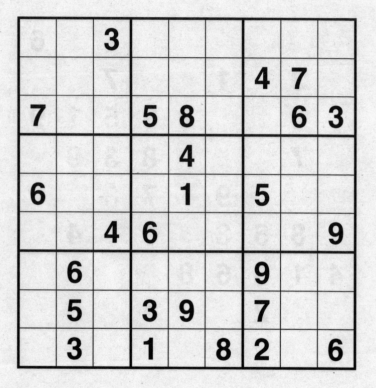

Fiendish

						8	5	
			9			2		1
	6			5			3	9
6			8		9			
4			1			3		
1		8		4	6		9	
		6	5					
3						7		
	8		7	9	2			

Fiendish

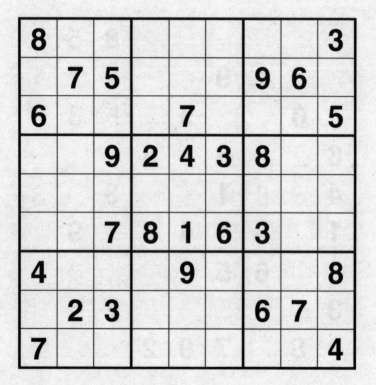

Fiendish

					2			
		1	9	6				
	8			3		5		
	2			7	6		1	
	6	8	4					3
1			5					
		9					8	
			6			2	3	4
				4			9	6

Fiendish

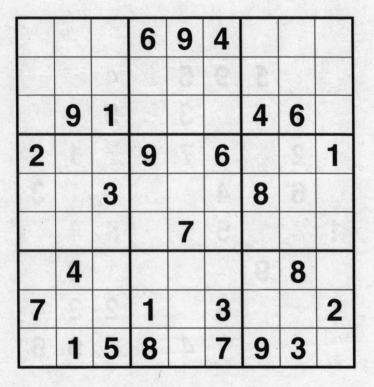

Fiendish

		5	1	7	2	4		
1	7	8		6	2	9		
	4	6		1		7	5	
	9		2		5		1	
	3	1		6		8	4	
	5	9	4		7	1	3	
		4	5	8	3	9		

Fiendish

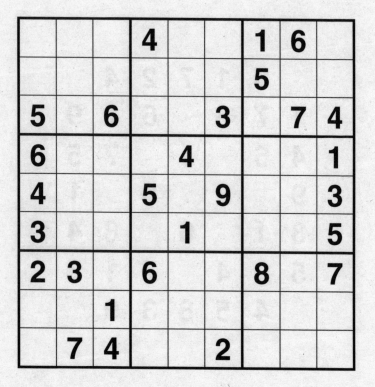

			6	8	7			
		3				7		
	1	8		3		6	5	
5				2				6
3		6	9	7	4	1		5
9				5				7
	6	2		1		9	3	
		7				5		
			2	6	9			

Fiendish

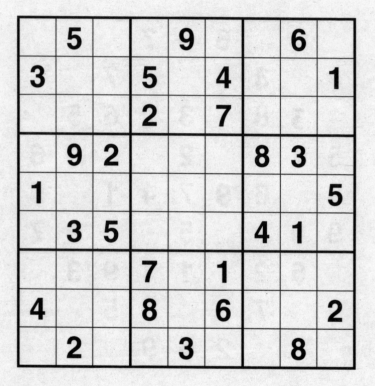

Fiendish

9		4	8		7		3	
3	5			4	2		1	
	1						2	3
			3		9	1		
	9						8	4
5	3			7	4		9	
8		1	2		3		7	

Fiendish

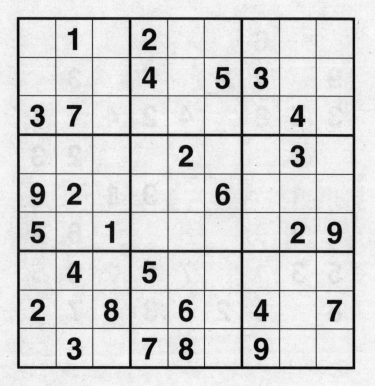

Fiendish

		6			9			
			2					
		8			6	4	9	1
	8	3		4				6
	4				3	8		9
	7	9		8				2
		4			8	2	3	5
			5					
		2			7			

Fiendish

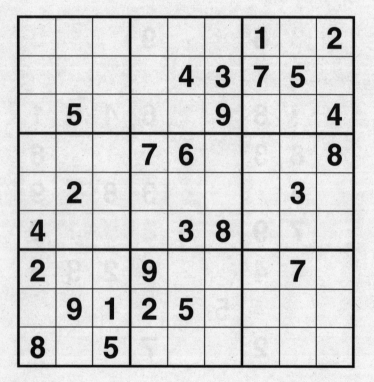

5	8		9		4		1	3
		1		6		7		
	3			1			5	
		5	2		6	1		
	6						7	
		8	7		3	5		
	4			2			9	
		9		3		4		
7	5		4		9		6	1

Fiendish

	6						3	
8			6		4			
				8	2		4	5
	8			5				2
		6	9		8			
	9	1		4		7		8
					5			9
1		9						3
		2	3		1	5	8	

Fiendish

		2				3		
						8	5	
8			5	3			1	7
	8							
			7			6		
5	3			4		7		
9	4							5
6		5	2		3			
	2	3	8			1		

Fiendish

		2		5			3	
			6			2		
	8				7	6		9
		5	2				1	3
	1			9			8	
		8	3				4	2
	4				2	3		8
			8			1		
		9		3			6	

Fiendish

		2						
			7		6			2
6	9		3	5				
	3		2	7		5		
		6					2	1
	1		4	6		9		
9	8		1	2				
			8		4			9
		7						

Fiendish

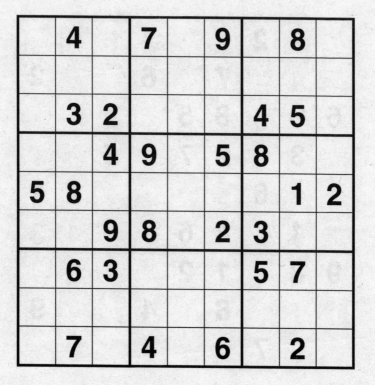

Fiendish

		9	7		2	5		
	4		5		8		3	
		5				2		
	8						6	
7	5			6			4	3
	3		2		4		5	
1			6		9			8
	9		1		7		2	

Fiendish

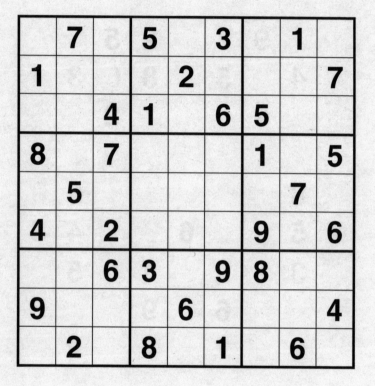

Fiendish

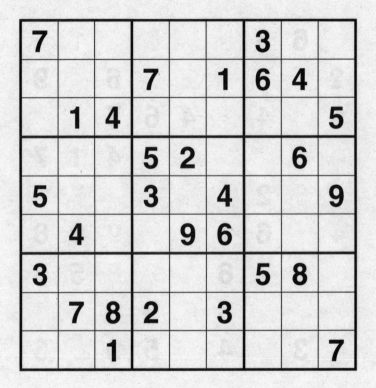

Fiendish

	6	8						
2						6		9
9				4	6	7		
					2	4	1	7
		2						
		6	1				9	8
	9	7	6				5	3
			3		9	8		
	3		4		5	9		6

Fiendish

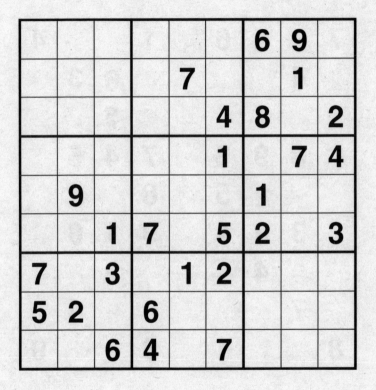

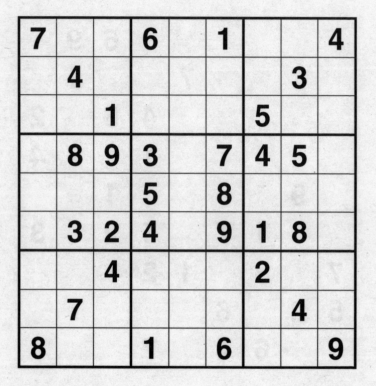

Fiendish

					8			6
			9			2		7
			2		4		8	
4		8	1			7		
	6	5				9	3	
		9			7	5		8
	1		3		5			
5		7			6			
9			7					

Fiendish

					9			
6			5	3				
		5			2	9		
1			4			5		6
		8	6				9	
	5			1	3		7	
8				2		7		
	3		8					
		4			6		5	

Fiendish

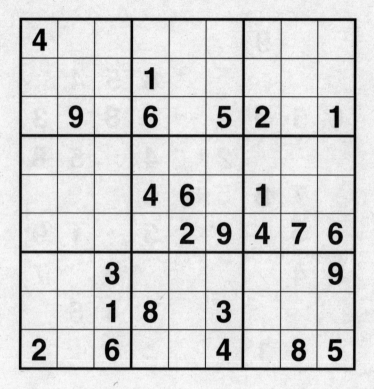

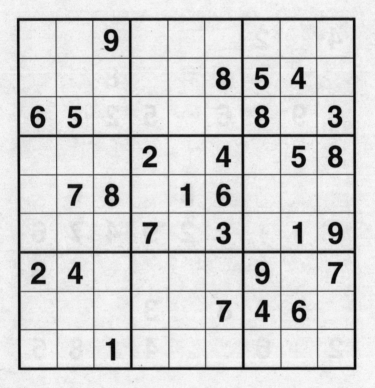

Fiendish

		2						
			6	4		8	3	
9		4			5		2	
4						9		
	2						6	
	7	1	2				4	
			5			6		3
7			3	8				
	3				7	1		

Fiendish

6					1			4
			6			5	8	
3			8	4	9		7	
		8		9	6		2	
								1
		4		8	7		9	
4			9	6	8		1	
			7			3	6	
8					2			9

Fiendish

		4				6		
	1		6		9		5	
9			1		7			4
	6	2				3	4	
				9				
	8	9				5	1	
2			7		6			5
	9		4		8		2	
		5				4		

Fiendish

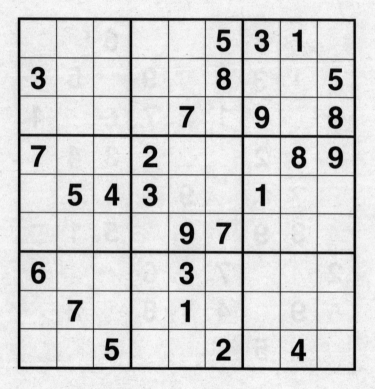

Fiendish

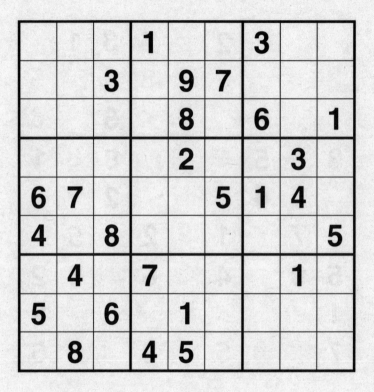

			2		7			
		8				6		
3		5				8		1
		4				2		
	7		1		2		5	
5	9		4		6		8	2
1								9
7			5		8			6

Fiendish

			1	8			2	
					3	7		5
		4		5		9		8
2					5		7	
1		7						
	6		9					
	4	2					8	
5			3			6		
	9	1						3

Fiendish

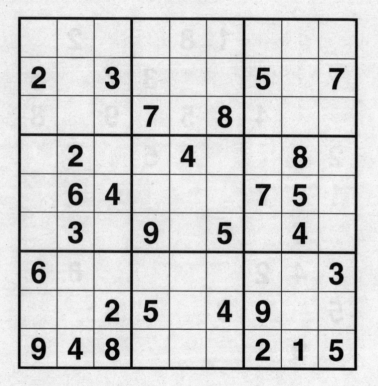

Fiendish

2								
				1		2		
4	9		5	2		8		
	5		7		4		8	
9	7						5	2
	3		2		9		1	
		5		9	1		2	4
		9		3				
								3

Fiendish

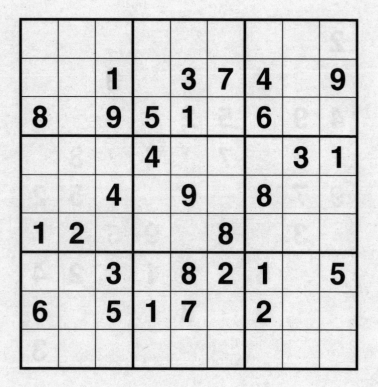

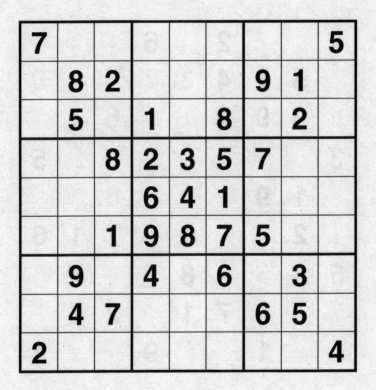

Fiendish

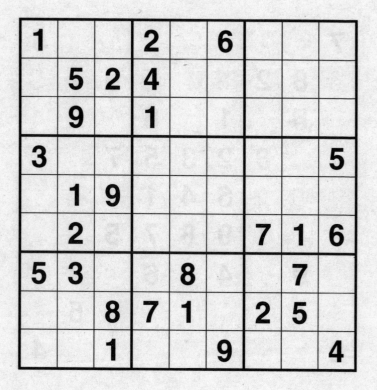

Fiendish

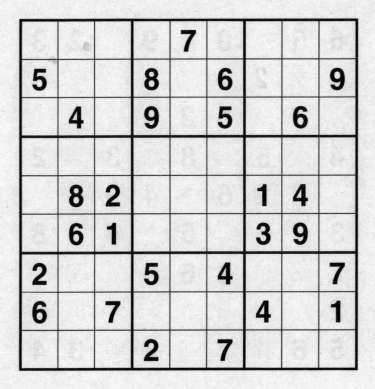

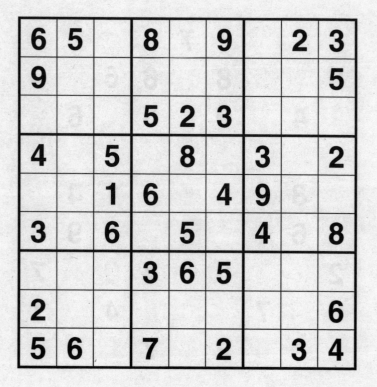

Fiendish

		9	7		3	6		
1			8		5			4
	5	1				2	6	
	2			5			3	
4								5
		7				3		
6			3		8			1
	1	3	6		4	8	2	

Fiendish

	4	9		8				
		3			5			
6	5		1	9				
			7	4		2		6
	9						8	
8		6		1	2			
				3	6		2	8
			4			5		
				2		4	1	

Fiendish

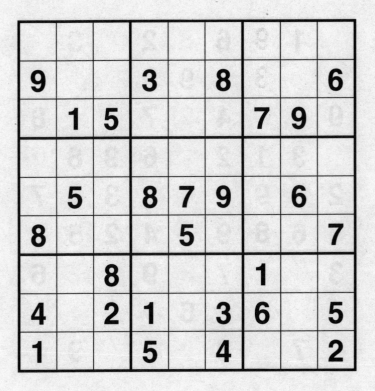

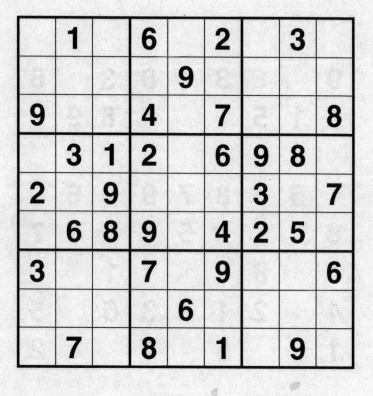

Fiendish

	6						4	
		8				3		
		5	3		4	8		
7	4		2		9		8	3
	8			5			6	
5	3		4		6		2	7
		4	8		1	2		
		2				7		
	7					5		

Fiendish

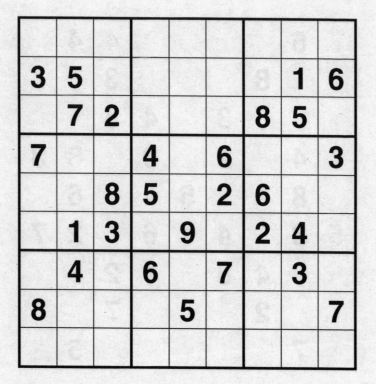

Fiendish

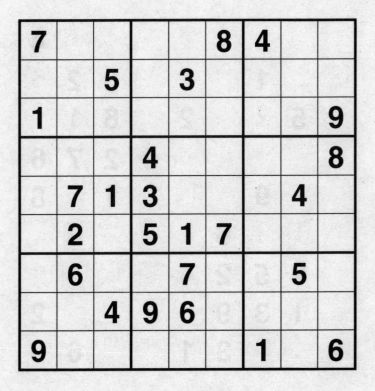

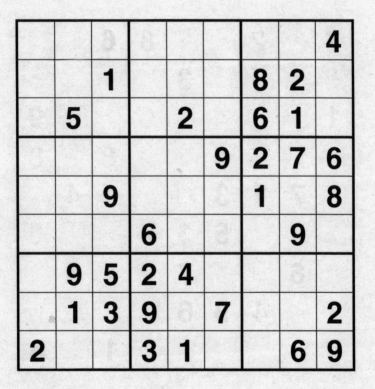

Fiendish

		2				6		
9								5
			4	9	6			
		4		7		8		
		5				1		
1			2	3	8			6
	8		1		7		2	
			3		5			
	1			2			6	

Fiendish

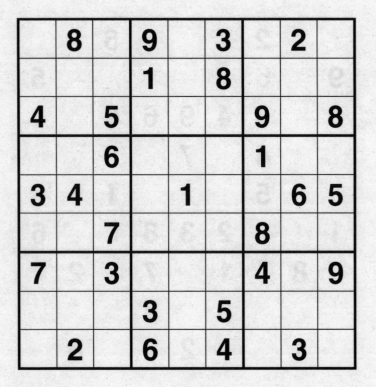

Fiendish

			7					
9		6						1
			1			4	3	
		8			9			5
3		9		2		7		6
2			8			9		
	2	7			4			
1						5		7
					6			

Fiendish

		5		9		3		
		1	3		2	8		
4								2
	1		2		3		9	
			4		7			
	4		9		5		3	
2								9
		3	8		6	7		
		8		2		6		

Fiendish

9				5	7		1	
		1					5	
4		3				9		
		7	8	1	9			2
				2	5			
		2	7	6	4			8
1		4				6		
		9					2	
7				9	2		4	

Fiendish

7											
---	---	---		---	---	---		---	---	---
				7				8		
1				3		5			7	2
5		9		2				6		
		1		8		7		9		
		4				3		5		7
2	4			5		6				3
		5				2				
										6

Fiendish

	1						5	
			9		5			
		9		7		8		
			2	9	4			
		7				2		
3			8		7			9
1		2	3		9	6		4
			4		1			
	6						1	

Fiendish

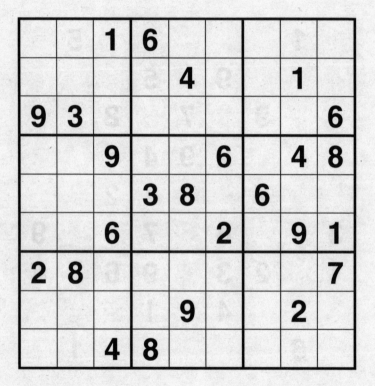

Fiendish

1	9						7	6
		7	9	6	3	2		
4			1	3	5			2
	5		7		2		3	
2			6	9	8			5
		5	3	2	1	9		
3	1						6	7

Fiendish

			3		2			
		7				1		
	5			8			9	
3			5	9	6			4
		1	8		7	6		
9			1	2	4			8
	6			5			3	
		3				8		
			2		3			

Fiendish

			8					
	5		1					
8		9	5	3		2		
		1				7		4
3	4		9		1		8	2
2		8				3		
		6		5	8	4		1
					7		9	
					3			

Fiendish

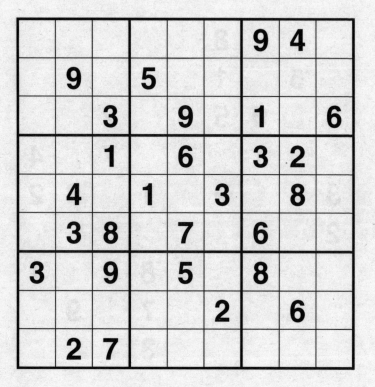

Fiendish

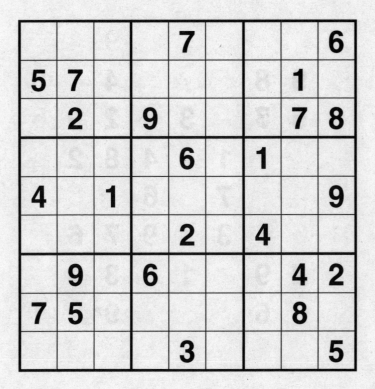

4								
	9	8				4		3
	5	7		3		2	9	
			1		4	8	2	
			7		6			
			3		9	7	6	
	2	9		1		3	4	
	8	6				9		1
1								

Fiendish

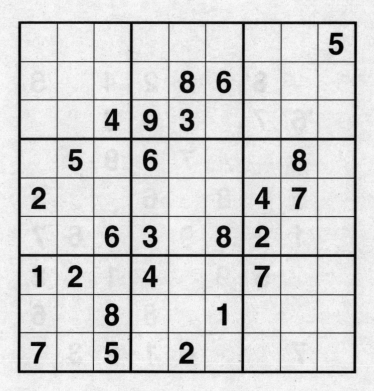

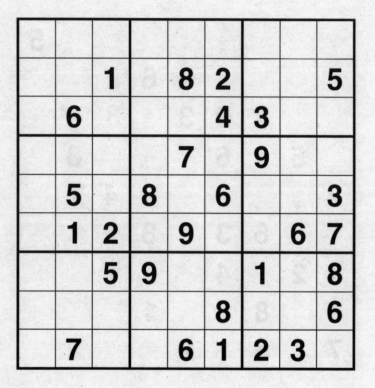

Fiendish

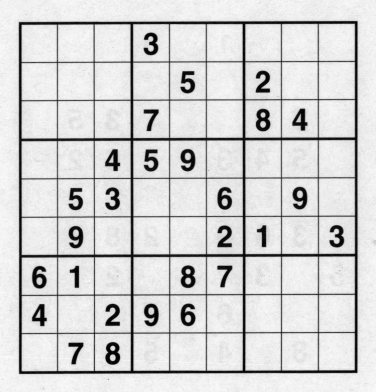

114

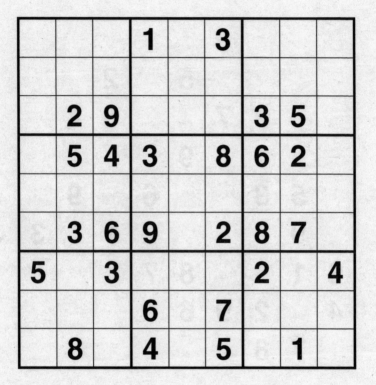

Fiendish

8				2	9			3
6		9		7			4	
7		5	6				3	
		6				5		
	8				1	6		7
	1			8		2		4
4			2	1				5

Fiendish

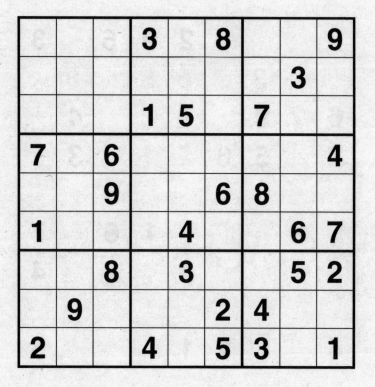

Fiendish

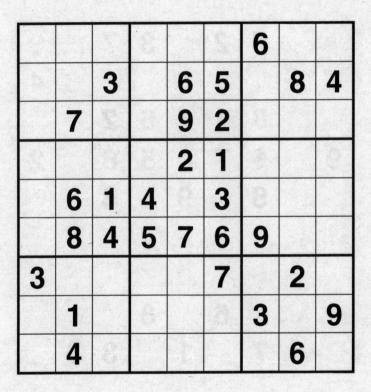

		5	2		3	7		
7				8				4
		8	1		6	2		
9		1	7		5	6		2
		6		9		4		
			6		8			
	6	7		1		8	3	

Fiendish

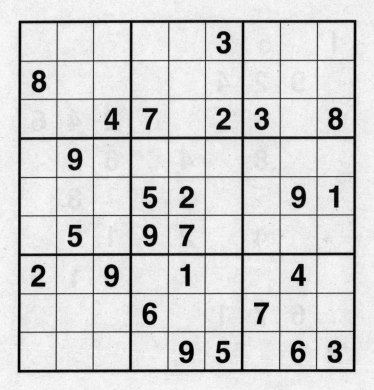

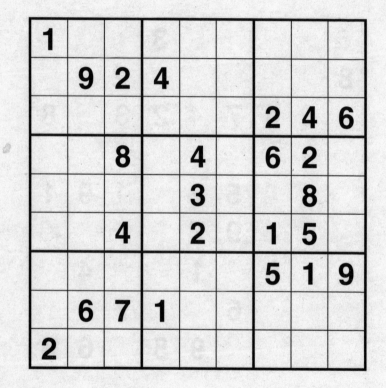

Fiendish

6			1		8			
						2	5	
	9			4			6	
			8					3
		4	6	7		1		
		8		3	2			6
			3	1				
9	8					3		
	3							4

Fiendish

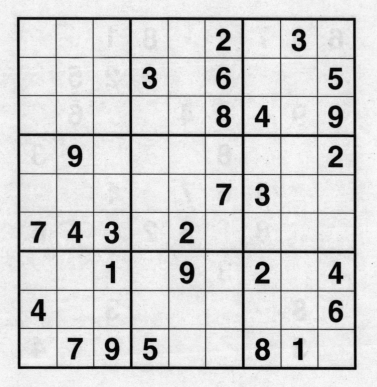

Fiendish

	6	7				1	5	
3			5		9			6
8				7				3
	7		6	3	4		1	
		9	7		2	6		
	3		8	9	1		7	
2				6				7
7			3		8			1
	9	3				5	6	

Fiendish

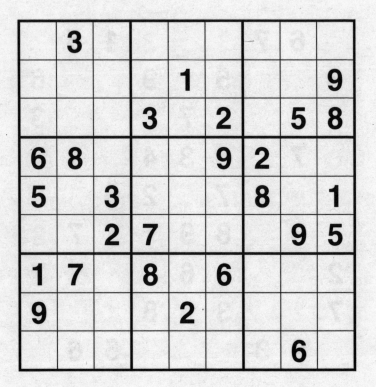

Fiendish

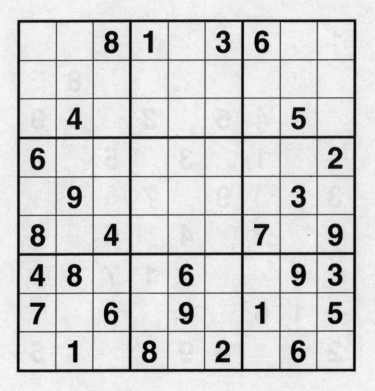

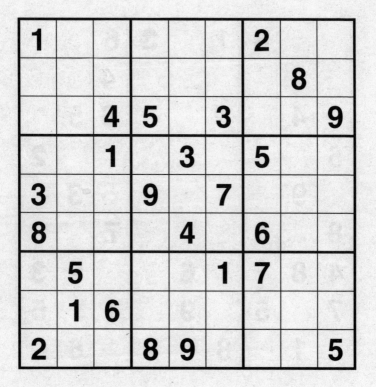

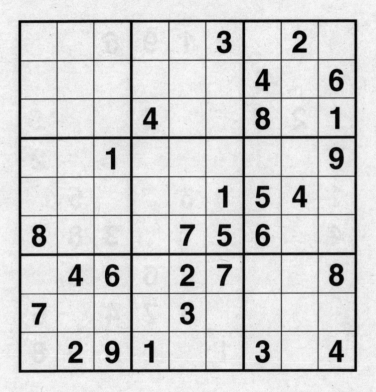

Fiendish

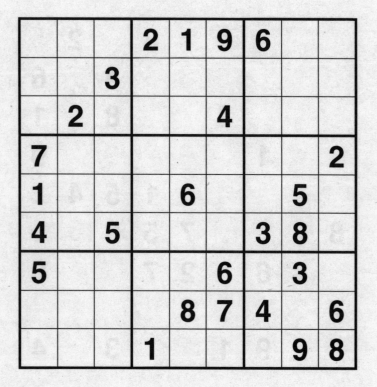

Fiendish

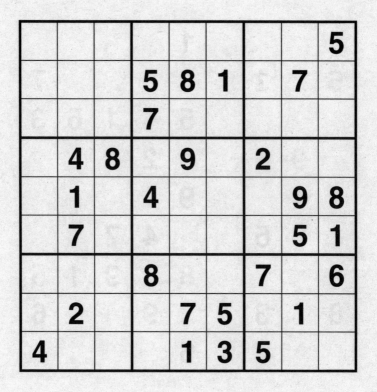

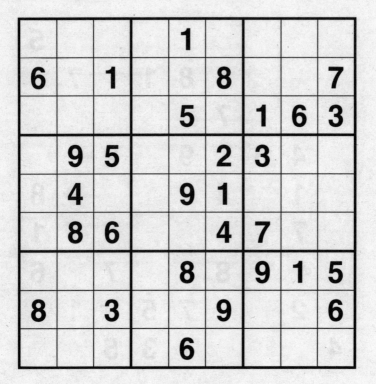

Fiendish

	7						8	
		5				3		
8			6		9			2
6	3		4		5		2	8
1			8		2			7
2	8		1		7		6	4
3			9		6			1
		1				8		
	9						7	

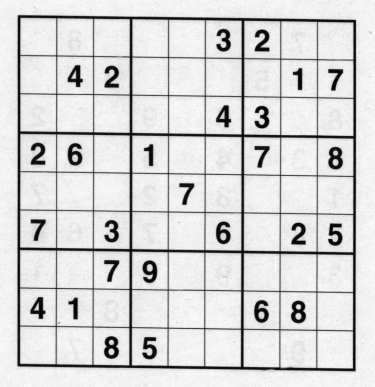

Fiendish

			9		3			
9	3						4	1
	4			2			5	
4			1	6	8			5
1			3		5			2
7			2	9	4			3
	6			8			9	
5	9						3	4
			4		9			

Fiendish

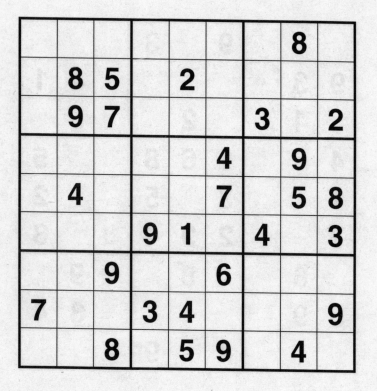

Fiendish

				7				
		4			6		3	
5		6	4					
	9	5	2				4	
			3					9
7					9	8		
3					4	9	5	
9	8				3			
	5	1	6			2		

Fiendish

1			6		2			7
		5		9		4		
	6						2	
				8				
	3	4	2		1	6	8	
		6	4		3	7		
		7		3		1		
			1		7			
8								4

Fiendish

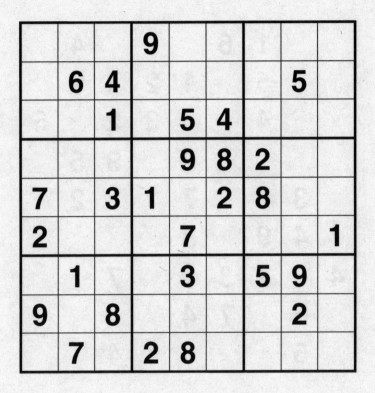

		1	6				4	
				1	2		9	
		4			3	2		6
			2			9	5	
	3		7				2	
	4	9	3					
4		8	3			7		
	6		7	4				
	5				1	4		

Fiendish

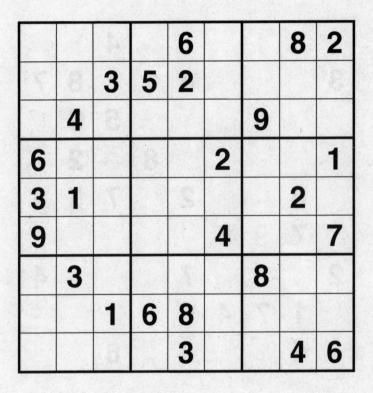

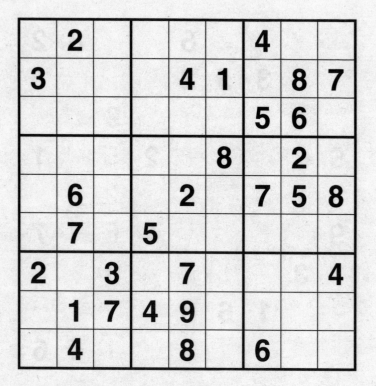

Fiendish

					4			8
	5		2					6
				6	3		5	
	2			8		5		7
		3	4			2		
9		8				6		
			5	4	8			3
		2						
3	8		7			1		

Fiendish

		1	2					
						5		
7			3	4			2	
1		5					9	
		3			9	2		
				2		3	7	1
	4			9	2		6	
		2	6		5	1		
					7			

Fiendish

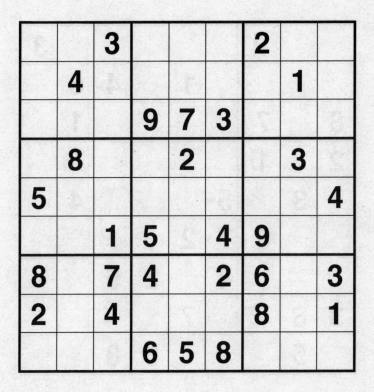

144

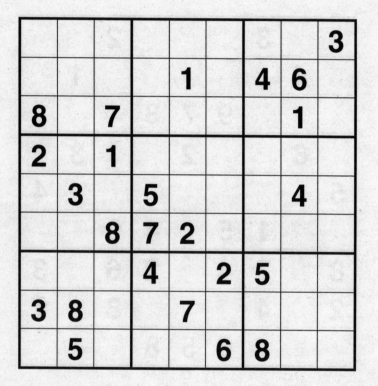

Fiendish

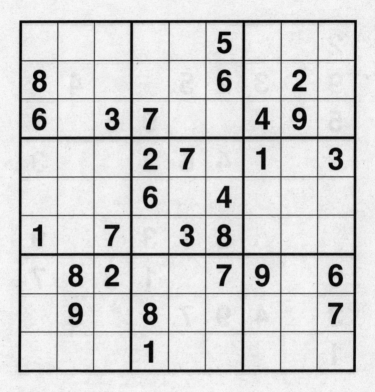

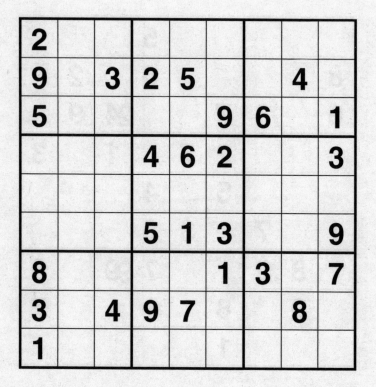

Fiendish

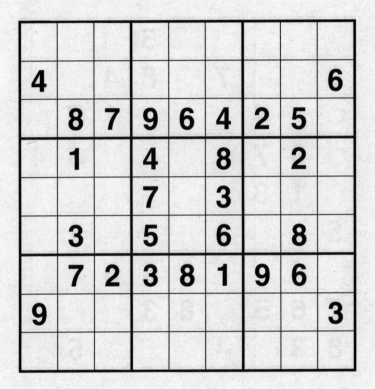

Fiendish

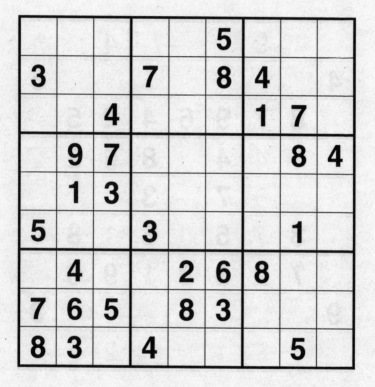

Fiendish

		9		7		4		
	3				6			
			3					7
		4	5	3		6		2
		5	7					
		7	6	4		1		3
			1					5
	9				7			
		8		5		2		

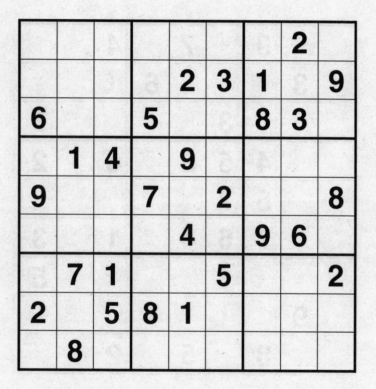

Fiendish

			4		3			
		4	7		2	6		
8			6		9			1
	7	9				8	4	
	3		2		6		9	
7		6				5		3
4	1		5		8		6	9

Fiendish

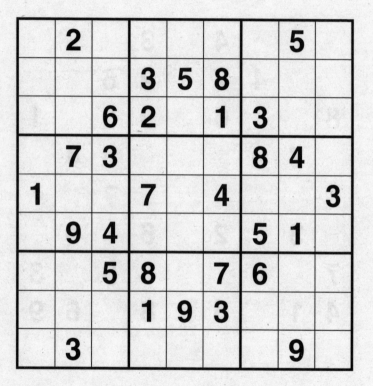

Fiendish

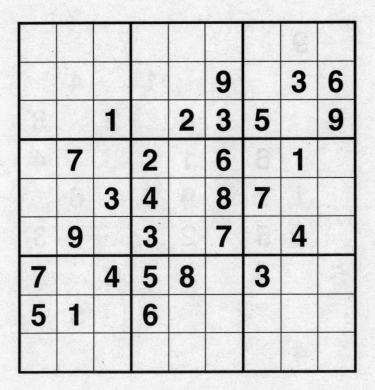

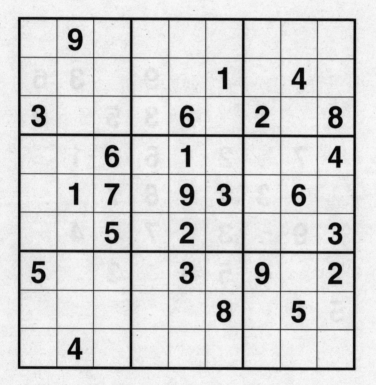

Fiendish

	6							
					1		6	4
5				3		7		
		8		1	6	2		7
2			5		4			9
3		5	8	9		6		
		7		2				3
8	4		7					
							7	

Fiendish

	9			1	8		3	
4			9		3			7
1		9		3		4		
5			8		2	7		
2		8		7		9		
7			2		6			1
	6			8	1		5	

Fiendish

				2		4		
			6				9	5
		5	8	1				7
			7				3	
9	5						4	6
	1				2			
7				6	9	5		
5	4				1			
		8		4				

Fiendish

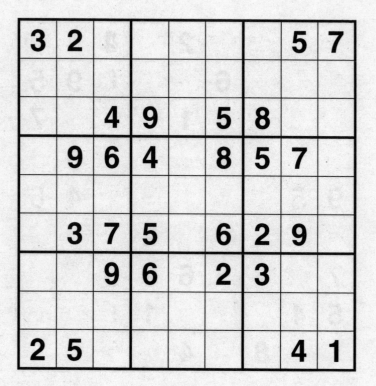

Fiendish

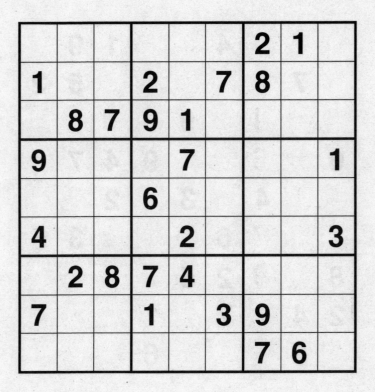

Fiendish

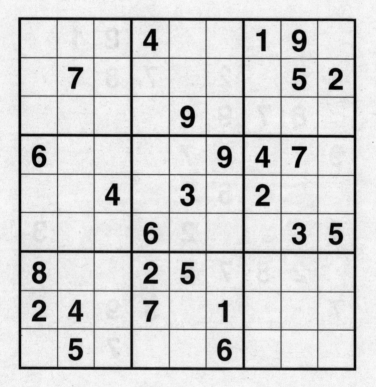

Fiendish

		2	7		4	8		
	6			5			7	
			2		1			
7			4		3			6
	2		5		6		1	
5			8		2			9
			9		5			
	5			2			4	
		1	6		7	3		

Fiendish

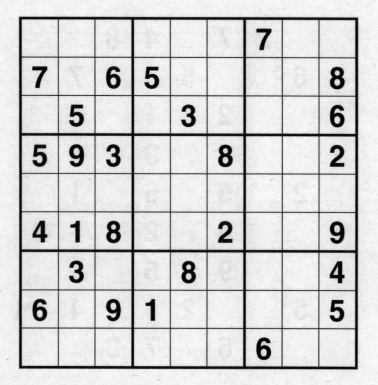

Fiendish

			9			3	2	8
	5	2			3		9	6
4			5	2				9
2								
9			7	6				1
	9	6			5		1	3
			8			7	6	4

Fiendish

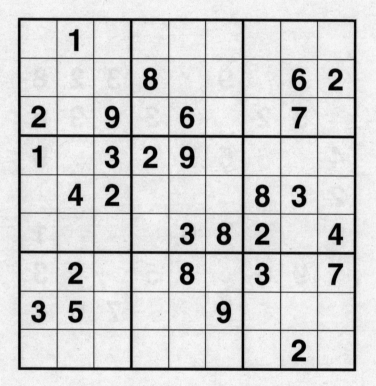

Fiendish

		2				5		
			7		6			
				9				
		8		6		4		
			9		1			
9		4	3		8	1		6
7								5
	6	5	1		7	9	3	
3		1				6		4

Fiendish

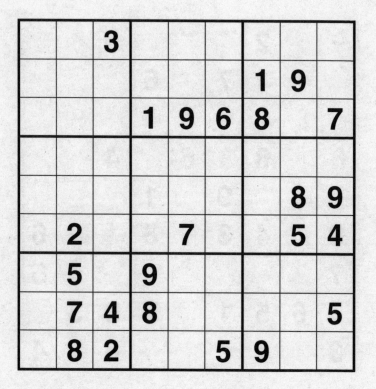

Fiendish

9	5			7			8	3
			8		5			
	8		1		4		9	
6			3		8			2
5			4		2			1
	2		5		7		4	
			6		3			
4	3			2			5	8

Fiendish

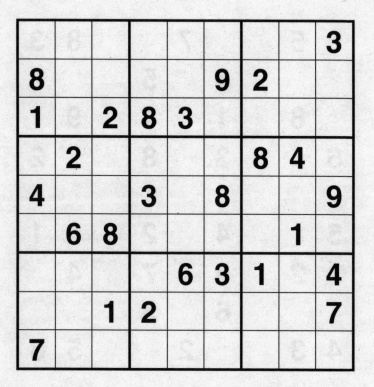

Fiendish

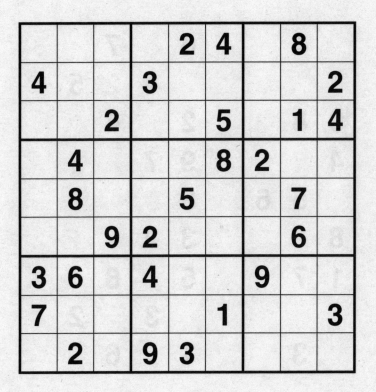

	4			6		7		
					4		5	
9	8			2		4		
4				9	7			
	5	6		8				
8				3	2			
1	7			5		8		
					3		2	
	3			1		6		

Fiendish

	1						9	
			2		6			
		4				5		
		1	3		9	2		
	6						5	
2			1		5			7
		9	6		3	7		
	3	7		5		6	8	
	5		4		8		3	

Fiendish

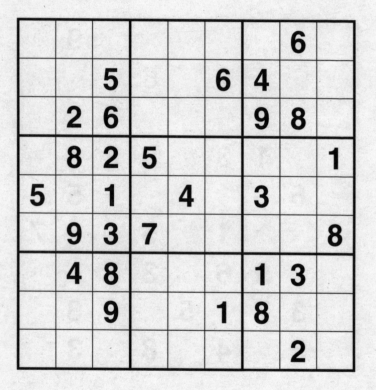

Fiendish

								1
	5		3				9	
		9	4	1		8		
		4		6	2	3		
2	1						8	6
		3	7	8		4		
		8		4	1	7		
	9				7		4	
7								

Fiendish

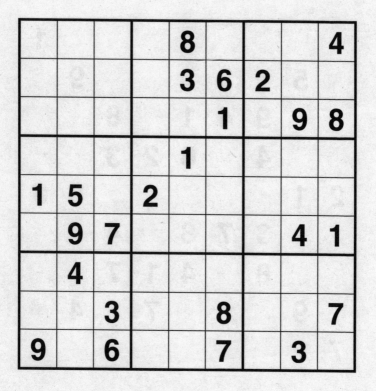

Fiendish

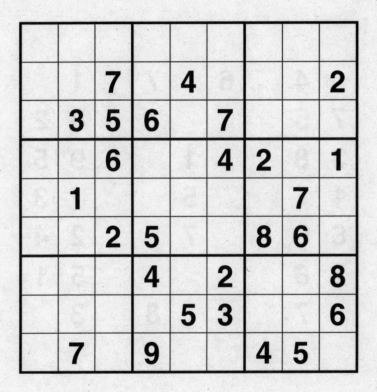

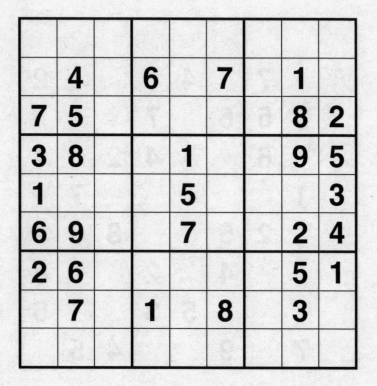

Fiendish

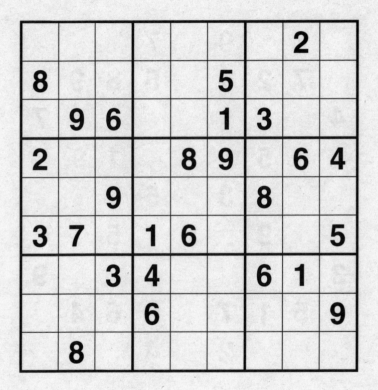

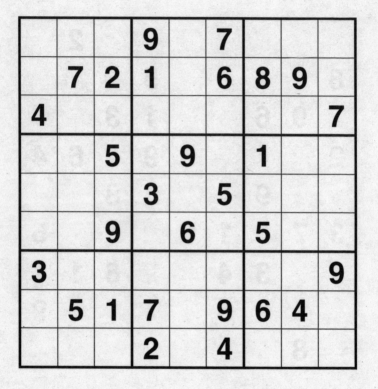

Fiendish

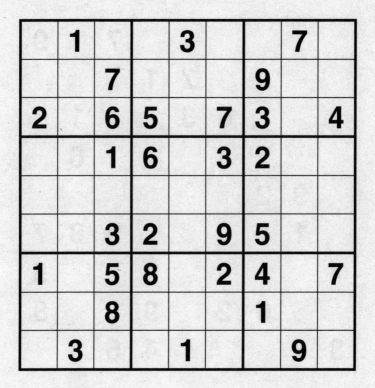

Fiendish

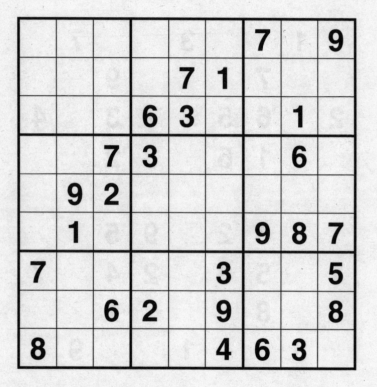

Fiendish

Super Fiendish

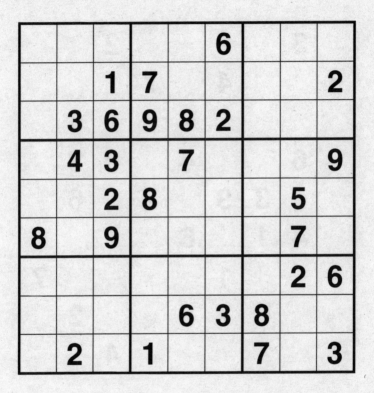

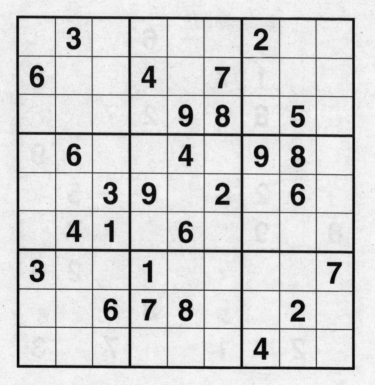

Super Fiendish

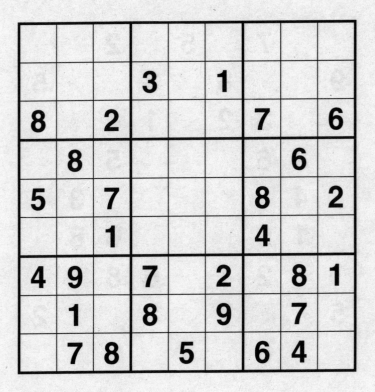

Super Fiendish

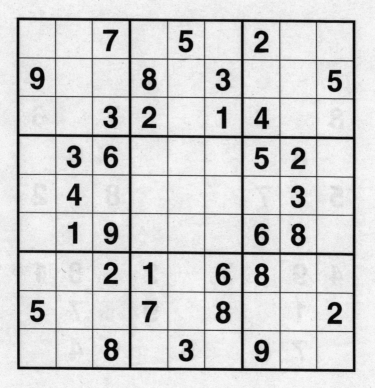

Super Fiendish

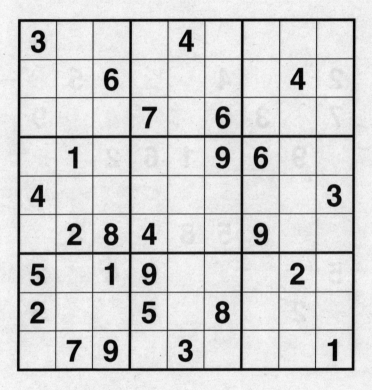

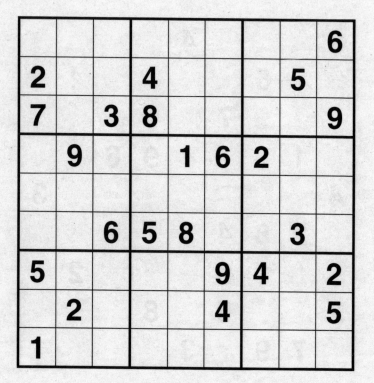

Super Fiendish

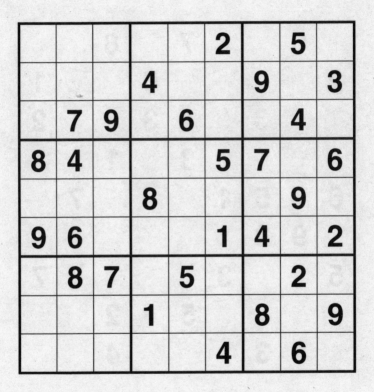

Super Fiendish

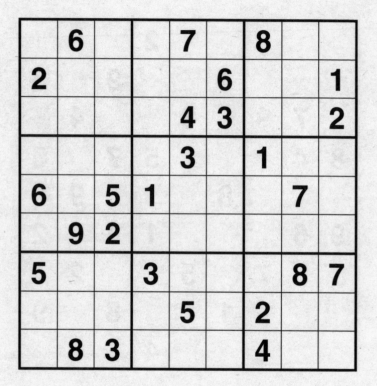

Super Fiendish

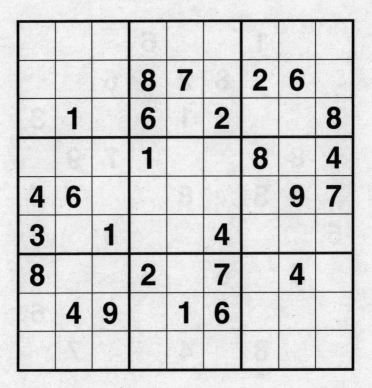

		1			6			
			8	2		6		
7			5	1				3
	8	6				7	9	
	4	3		8				5
5						8		
	9		6		5			
			3					6
		8		4			7	

Super Fiendish

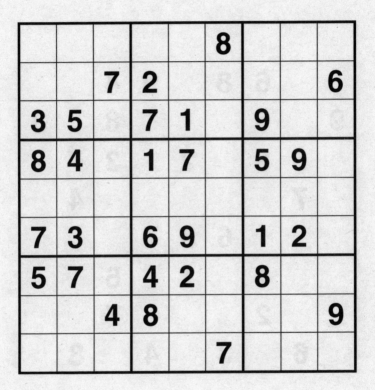

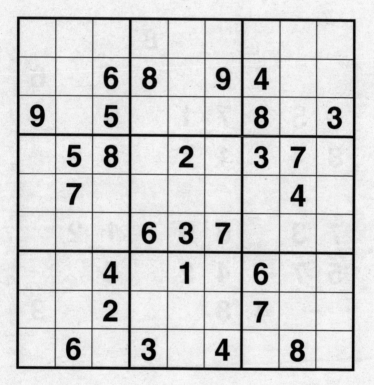

Super Fiendish

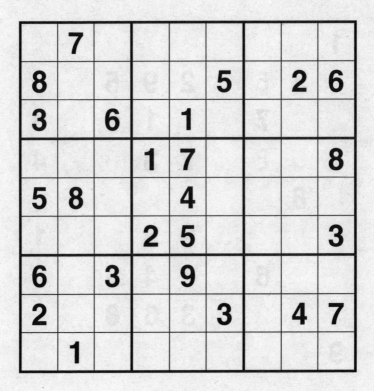

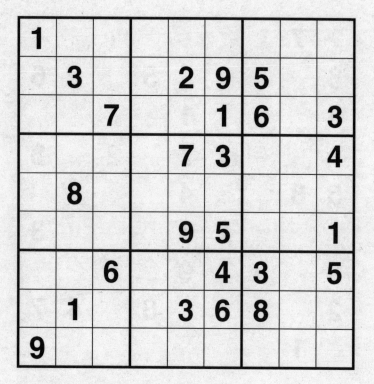

Super Fiendish

		2				1		
								6
6			1	8	2		7	
		4		7		2		1
		6	2		1		3	
		5		4				
1			3					5
		8		1				
	6		7			9		

Super Fiendish

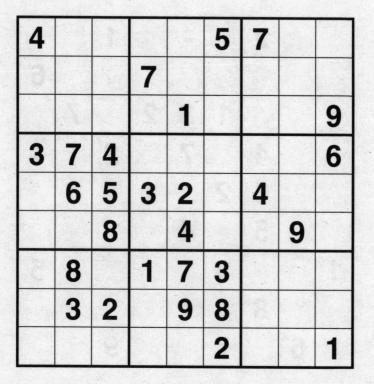

	6				3			
		9				7		
		8		9			1	6
	9		8				7	4
8					6			5
	5		2				9	3
		2		5			6	1
		6				9		
	3				4			

Super Fiendish

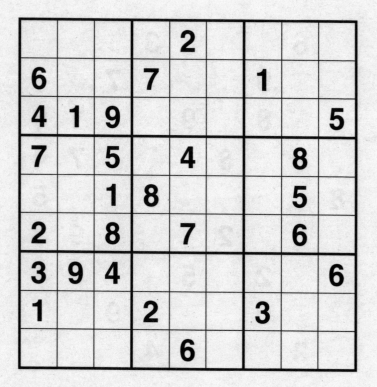

Super Fiendish

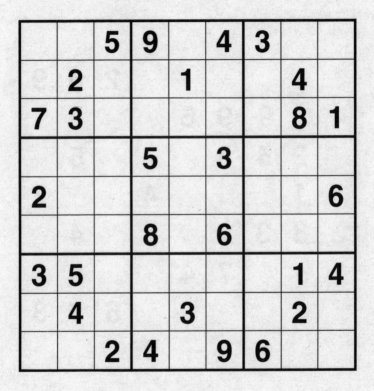

Super Fiendish

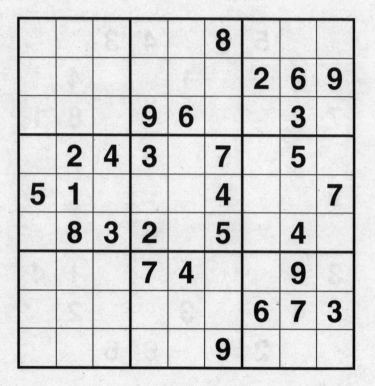

Super Fiendish

Solutions

1

5	7	1	8	4	3	9	6	2
9	4	3	6	2	1	7	8	5
6	2	8	7	9	5	3	4	1
3	5	6	1	7	2	4	9	8
8	1	4	9	5	6	2	3	7
7	9	2	3	8	4	1	5	6
4	3	5	2	1	8	6	7	9
2	6	9	5	3	7	8	1	4
1	8	7	4	6	9	5	2	3

2

3	1	4	7	9	6	2	5	8
7	8	9	2	5	1	6	4	3
5	2	6	4	3	8	1	7	9
1	9	5	6	8	2	7	3	4
2	6	7	3	4	5	8	9	1
8	4	3	9	1	7	5	2	6
9	5	2	1	6	4	3	8	7
4	7	1	8	2	3	9	6	5
6	3	8	5	7	9	4	1	2

Solutions

3

9	5	8	2	1	3	4	7	6
4	6	2	8	7	9	1	3	5
1	7	3	6	4	5	2	8	9
6	9	5	7	2	8	3	4	1
8	2	1	3	6	4	9	5	7
3	4	7	5	9	1	6	2	8
5	8	6	9	3	2	7	1	4
7	3	4	1	8	6	5	9	2
2	1	9	4	5	7	8	6	3

4

1	8	2	7	5	6	3	4	9
9	3	5	8	4	1	7	6	2
7	4	6	2	3	9	8	5	1
4	1	3	6	2	5	9	8	7
2	6	7	9	1	8	5	3	4
8	5	9	3	7	4	2	1	6
3	7	8	4	6	2	1	9	5
5	2	4	1	9	3	6	7	8
6	9	1	5	8	7	4	2	3

Solutions

5

7	5	6	3	9	1	4	8	2
4	1	2	7	6	8	9	3	5
9	8	3	4	5	2	6	7	1
3	9	1	5	2	6	8	4	7
8	7	5	1	4	3	2	9	6
6	2	4	8	7	9	5	1	3
1	4	7	6	8	5	3	2	9
2	6	8	9	3	7	1	5	4
5	3	9	2	1	4	7	6	8

6

8	5	1	6	3	7	2	9	4
7	2	9	4	8	5	3	1	6
4	6	3	2	9	1	5	8	7
2	1	6	5	7	4	9	3	8
3	9	4	1	2	8	6	7	5
5	7	8	9	6	3	1	4	2
1	4	7	3	5	2	8	6	9
6	8	2	7	1	9	4	5	3
9	3	5	8	4	6	7	2	1

Solutions

7

6	7	5	2	4	8	3	9	1
2	4	9	5	1	3	8	6	7
8	1	3	9	7	6	2	5	4
7	9	6	4	3	2	5	1	8
4	2	1	8	5	9	7	3	6
3	5	8	7	6	1	9	4	2
9	3	4	1	8	7	6	2	5
5	6	7	3	2	4	1	8	9
1	8	2	6	9	5	4	7	3

8

3	4	1	2	8	5	6	9	7
8	7	5	6	3	9	4	1	2
9	6	2	1	4	7	5	8	3
6	5	3	7	9	4	8	2	1
1	9	8	5	2	6	7	3	4
7	2	4	3	1	8	9	5	6
5	1	6	8	7	3	2	4	9
2	8	9	4	6	1	3	7	5
4	3	7	9	5	2	1	6	8

Solutions

9

1	3	8	5	7	6	2	4	9
4	2	7	3	9	1	5	6	8
5	9	6	2	8	4	3	1	7
6	5	9	7	3	8	1	2	4
2	8	4	1	5	9	6	7	3
7	1	3	4	6	2	9	8	5
8	7	2	9	1	3	4	5	6
9	6	1	8	4	5	7	3	2
3	4	5	6	2	7	8	9	1

10

7	9	6	1	5	3	2	8	4
8	4	2	9	7	6	3	5	1
1	3	5	4	2	8	9	6	7
5	8	9	6	1	2	4	7	3
6	7	3	8	9	4	1	2	5
2	1	4	5	3	7	8	9	6
9	2	1	7	4	5	6	3	8
4	6	7	3	8	9	5	1	2
3	5	8	2	6	1	7	4	9

11

6	8	4	1	5	2	3	7	9
2	3	5	4	9	7	1	8	6
1	7	9	6	8	3	2	4	5
5	6	2	3	4	8	7	9	1
3	4	1	7	2	9	6	5	8
7	9	8	5	1	6	4	3	2
8	5	7	2	3	1	9	6	4
9	2	6	8	7	4	5	1	3
4	1	3	9	6	5	8	2	7

12

2	8	7	5	1	4	9	6	3
4	3	5	6	9	8	1	2	7
9	6	1	2	7	3	4	8	5
3	1	2	9	8	5	7	4	6
8	9	6	4	3	7	2	5	1
7	5	4	1	2	6	8	3	9
6	4	9	8	5	1	3	7	2
5	2	3	7	4	9	6	1	8
1	7	8	3	6	2	5	9	4

Solutions

13

4	9	2	5	7	1	3	6	8
1	6	5	3	4	8	2	9	7
3	8	7	6	9	2	4	5	1
6	4	9	8	2	5	7	1	3
8	7	3	4	1	6	9	2	5
5	2	1	9	3	7	6	8	4
9	3	6	1	5	4	8	7	2
7	1	8	2	6	3	5	4	9
2	5	4	7	8	9	1	3	6

14

6	4	8	2	1	9	3	5	7
2	5	9	7	4	3	1	6	8
7	1	3	5	8	6	4	9	2
8	6	5	3	2	1	7	4	9
3	2	7	8	9	4	6	1	5
4	9	1	6	7	5	8	2	3
1	7	4	9	3	2	5	8	6
5	8	2	4	6	7	9	3	1
9	3	6	1	5	8	2	7	4

Solutions

15

8	7	2	4	9	6	5	1	3
9	6	5	8	1	3	2	4	7
3	1	4	2	7	5	8	6	9
5	2	1	7	4	8	9	3	6
6	4	8	5	3	9	1	7	2
7	3	9	1	6	2	4	5	8
2	9	6	3	5	1	7	8	4
1	8	7	6	2	4	3	9	5
4	5	3	9	8	7	6	2	1

16

8	2	4	5	3	9	6	1	7
1	9	6	8	7	4	5	2	3
5	7	3	1	6	2	8	4	9
4	3	1	6	9	5	2	7	8
7	5	8	3	2	1	9	6	4
9	6	2	4	8	7	1	3	5
2	1	5	9	4	3	7	8	6
3	8	7	2	5	6	4	9	1
6	4	9	7	1	8	3	5	2

Solutions

17

8	3	4	9	5	2	6	7	1
2	6	7	3	8	1	9	4	5
5	9	1	6	4	7	3	8	2
3	8	2	5	7	4	1	9	6
6	1	5	8	2	9	4	3	7
7	4	9	1	3	6	5	2	8
1	5	3	7	9	8	2	6	4
4	7	6	2	1	3	8	5	9
9	2	8	4	6	5	7	1	3

18

6	1	4	8	9	3	7	5	2
7	9	3	5	1	2	8	4	6
5	2	8	4	7	6	1	9	3
2	7	6	3	5	1	9	8	4
4	5	9	6	8	7	3	2	1
3	8	1	2	4	9	5	6	7
1	4	7	9	6	8	2	3	5
9	3	5	7	2	4	6	1	8
8	6	2	1	3	5	4	7	9

Solutions

19

7	4	2	6	9	5	8	3	1
9	8	6	3	1	4	2	7	5
3	5	1	8	2	7	9	4	6
4	9	5	1	7	8	6	2	3
6	2	7	4	5	3	1	8	9
1	3	8	9	6	2	7	5	4
8	7	9	5	4	1	3	6	2
2	1	4	7	3	6	5	9	8
5	6	3	2	8	9	4	1	7

20

2	7	1	3	5	9	4	6	8
3	5	6	1	8	4	7	9	2
8	9	4	2	6	7	1	5	3
6	4	3	9	2	1	8	7	5
7	8	9	5	3	6	2	1	4
5	1	2	4	7	8	6	3	9
4	6	7	8	9	3	5	2	1
1	3	5	6	4	2	9	8	7
9	2	8	7	1	5	3	4	6

Solutions

21

1	9	5	3	2	8	6	7	4
6	3	7	4	9	1	8	2	5
4	8	2	6	7	5	1	9	3
8	6	9	2	5	4	3	1	7
2	7	3	1	8	9	4	5	6
5	4	1	7	3	6	2	8	9
7	1	6	9	4	2	5	3	8
3	2	8	5	6	7	9	4	1
9	5	4	8	1	3	7	6	2

22

2	7	5	8	4	1	6	9	3
9	1	8	6	7	3	2	5	4
6	4	3	2	5	9	1	8	7
4	6	9	1	8	5	3	7	2
7	8	1	4	3	2	9	6	5
3	5	2	9	6	7	8	4	1
5	3	6	7	1	8	4	2	9
1	2	4	5	9	6	7	3	8
8	9	7	3	2	4	5	1	6

Solutions

23

9	5	1	4	3	2	6	8	7
2	6	8	7	5	1	3	4	9
4	3	7	9	6	8	2	5	1
1	7	5	6	8	4	9	3	2
8	4	6	2	9	3	1	7	5
3	9	2	1	7	5	8	6	4
7	8	9	5	2	6	4	1	3
5	1	3	8	4	9	7	2	6
6	2	4	3	1	7	5	9	8

24

2	4	6	5	8	9	1	3	7
9	1	3	2	7	6	8	4	5
7	8	5	1	4	3	6	2	9
6	3	4	8	5	1	9	7	2
1	2	9	7	6	4	5	8	3
5	7	8	3	9	2	4	6	1
8	5	1	4	2	7	3	9	6
3	9	7	6	1	8	2	5	4
4	6	2	9	3	5	7	1	8

Solutions

25

1	8	5	9	4	6	3	7	2
2	6	9	3	8	7	5	4	1
4	3	7	5	2	1	8	9	6
3	4	6	2	1	9	7	5	8
5	7	2	8	6	3	4	1	9
8	9	1	7	5	4	2	6	3
9	1	3	4	7	8	6	2	5
6	2	4	1	3	5	9	8	7
7	5	8	6	9	2	1	3	4

26

8	1	5	9	7	2	4	3	6
6	7	3	1	4	8	2	5	9
9	4	2	6	5	3	1	7	8
7	5	8	2	3	6	9	4	1
4	6	1	8	9	5	7	2	3
2	3	9	4	1	7	6	8	5
1	2	7	5	8	9	3	6	4
3	8	4	7	6	1	5	9	2
5	9	6	3	2	4	8	1	7

Solutions

27

4	7	6	8	5	1	3	2	9
9	5	3	4	2	7	1	6	8
2	1	8	3	9	6	4	5	7
3	6	4	1	7	5	9	8	2
5	9	1	2	6	8	7	3	4
7	8	2	9	4	3	5	1	6
6	2	5	7	1	9	8	4	3
8	4	7	5	3	2	6	9	1
1	3	9	6	8	4	2	7	5

28

6	2	3	4	7	1	8	9	5
5	4	8	9	3	2	7	6	1
9	7	1	6	8	5	4	3	2
3	8	5	7	1	9	2	4	6
2	9	4	8	5	6	1	7	3
1	6	7	2	4	3	5	8	9
8	3	2	5	6	7	9	1	4
7	5	6	1	9	4	3	2	8
4	1	9	3	2	8	6	5	7

Solutions

29

4	1	7	8	3	9	6	5	2
5	6	3	1	4	2	9	8	7
8	2	9	6	5	7	4	1	3
9	4	8	7	6	5	2	3	1
7	3	6	2	9	1	5	4	8
2	5	1	4	8	3	7	6	9
6	7	4	9	1	8	3	2	5
1	9	5	3	2	6	8	7	4
3	8	2	5	7	4	1	9	6

30

1	2	8	5	4	3	6	7	9
9	6	4	8	1	7	3	2	5
7	3	5	6	9	2	1	4	8
3	7	1	9	5	8	4	6	2
6	5	9	4	2	1	8	3	7
4	8	2	3	7	6	9	5	1
2	4	7	1	6	9	5	8	3
8	1	6	2	3	5	7	9	4
5	9	3	7	8	4	2	1	6

Solutions

31

3	7	9	6	4	2	5	8	1
2	4	8	3	1	5	6	9	7
1	5	6	9	8	7	2	4	3
6	2	7	4	3	1	9	5	8
4	1	5	7	9	8	3	6	2
8	9	3	5	2	6	7	1	4
5	8	4	2	6	3	1	7	9
9	6	2	1	7	4	8	3	5
7	3	1	8	5	9	4	2	6

32

5	2	4	3	7	6	1	8	9
3	6	1	9	8	5	7	2	4
8	9	7	1	2	4	5	6	3
1	8	2	4	3	7	9	5	6
4	3	5	6	9	8	2	1	7
6	7	9	5	1	2	4	3	8
7	1	3	8	5	9	6	4	2
2	4	8	7	6	1	3	9	5
9	5	6	2	4	3	8	7	1

Solutions

33

7	6	2	3	5	1	9	4	8
1	9	3	8	4	7	6	2	5
4	8	5	2	9	6	3	7	1
8	1	4	6	3	2	7	5	9
2	3	9	5	7	8	1	6	4
5	7	6	4	1	9	8	3	2
3	5	8	9	6	4	2	1	7
9	4	1	7	2	3	5	8	6
6	2	7	1	8	5	4	9	3

34

7	8	2	3	1	6	9	4	5
1	9	6	5	4	7	2	3	8
4	5	3	2	9	8	1	7	6
9	7	1	8	6	5	3	2	4
6	4	5	1	2	3	7	8	9
2	3	8	4	7	9	6	5	1
3	6	9	7	5	4	8	1	2
8	1	4	9	3	2	5	6	7
5	2	7	6	8	1	4	9	3

Solutions

35

5	1	2	4	6	3	8	9	7
8	6	9	7	1	2	4	3	5
7	4	3	9	5	8	2	6	1
1	8	4	6	2	9	7	5	3
9	5	6	3	7	4	1	2	8
3	2	7	5	8	1	9	4	6
6	7	8	2	4	5	3	1	9
4	3	1	8	9	6	5	7	2
2	9	5	1	3	7	6	8	4

36

3	8	2	9	4	6	1	5	7
1	4	7	5	3	2	6	8	9
5	6	9	8	7	1	3	2	4
6	1	5	4	2	9	7	3	8
7	9	4	3	8	5	2	1	6
2	3	8	1	6	7	4	9	5
8	2	6	7	9	3	5	4	1
9	7	1	2	5	4	8	6	3
4	5	3	6	1	8	9	7	2

Solutions

37

9	8	7	4	5	1	3	2	6
3	5	4	7	6	2	8	9	1
6	1	2	3	8	9	7	4	5
7	2	5	8	1	6	4	3	9
8	4	6	9	3	7	1	5	2
1	3	9	2	4	5	6	8	7
5	6	3	1	9	4	2	7	8
2	9	8	6	7	3	5	1	4
4	7	1	5	2	8	9	6	3

38

6	3	9	1	4	7	2	5	8
8	2	4	9	5	3	7	6	1
5	1	7	8	2	6	9	4	3
1	5	3	7	9	2	6	8	4
9	7	6	4	3	8	1	2	5
4	8	2	5	6	1	3	7	9
3	6	1	2	8	4	5	9	7
2	9	8	3	7	5	4	1	6
7	4	5	6	1	9	8	3	2

Solutions

39

6	7	2	3	4	8	9	1	5
5	1	4	2	9	7	8	3	6
3	8	9	6	1	5	7	2	4
2	9	3	8	5	6	1	4	7
7	6	1	4	2	3	5	9	8
8	4	5	1	7	9	2	6	3
9	3	7	5	6	1	4	8	2
4	5	6	9	8	2	3	7	1
1	2	8	7	3	4	6	5	9

40

7	5	2	9	3	6	4	8	1
3	4	9	8	2	1	7	5	6
6	1	8	4	7	5	3	9	2
2	7	4	5	6	8	1	3	9
9	8	6	3	1	2	5	4	7
1	3	5	7	9	4	6	2	8
5	6	7	2	8	3	9	1	4
8	9	3	1	4	7	2	6	5
4	2	1	6	5	9	8	7	3

Solutions

41

8	4	3	6	5	7	1	2	9
2	9	6	1	4	3	7	8	5
7	5	1	2	9	8	4	3	6
4	3	8	5	2	1	9	6	7
1	6	9	7	8	4	2	5	3
5	7	2	3	6	9	8	4	1
6	2	7	4	1	5	3	9	8
9	1	4	8	3	6	5	7	2
3	8	5	9	7	2	6	1	4

42

2	5	1	7	4	9	6	3	8
8	3	9	5	2	6	7	4	1
6	4	7	3	8	1	5	2	9
4	2	3	1	6	7	8	9	5
9	7	6	8	5	2	3	1	4
5	1	8	9	3	4	2	6	7
3	9	4	2	7	8	1	5	6
7	6	5	4	1	3	9	8	2
1	8	2	6	9	5	4	7	3

Solutions

43

4	5	3	1	7	6	8	2	9
8	2	1	3	9	5	6	4	7
7	6	9	4	8	2	5	1	3
9	4	2	6	5	7	3	8	1
3	1	8	9	2	4	7	6	5
5	7	6	8	3	1	2	9	4
2	3	4	5	1	8	9	7	6
6	8	5	7	4	9	1	3	2
1	9	7	2	6	3	4	5	8

44

8	9	5	1	2	6	4	3	7
3	4	7	8	5	9	2	6	1
6	1	2	7	3	4	9	5	8
5	2	8	3	4	1	7	9	6
4	6	9	5	7	2	1	8	3
1	7	3	9	6	8	5	4	2
2	8	4	6	9	7	3	1	5
7	3	6	4	1	5	8	2	9
9	5	1	2	8	3	6	7	4

Solutions

45

1	2	9	5	7	4	8	3	6
5	3	8	1	9	6	7	2	4
7	6	4	8	2	3	5	1	9
2	7	6	4	1	8	3	9	5
3	4	1	9	5	7	2	6	8
9	8	5	3	6	2	1	4	7
4	1	3	6	8	5	9	7	2
8	9	2	7	4	1	6	5	3
6	5	7	2	3	9	4	8	1

46

5	1	3	7	6	4	8	9	2
9	8	6	2	3	1	4	7	5
7	4	2	5	8	9	1	6	3
3	9	5	8	4	2	6	1	7
6	7	8	9	1	3	5	2	4
1	2	4	6	5	7	3	8	9
8	6	7	4	2	5	9	3	1
2	5	1	3	9	6	7	4	8
4	3	9	1	7	8	2	5	6

Solutions

47

9	3	2	4	1	7	8	5	6
8	4	5	9	6	3	2	7	1
7	6	1	2	5	8	4	3	9
6	5	3	8	7	9	1	4	2
4	9	7	1	2	5	3	6	8
1	2	8	3	4	6	5	9	7
2	7	6	5	3	1	9	8	4
3	1	9	6	8	4	7	2	5
5	8	4	7	9	2	6	1	3

48

8	9	2	1	6	5	7	4	3
1	7	5	4	3	8	9	6	2
6	3	4	9	7	2	1	8	5
5	6	9	2	4	3	8	1	7
3	1	8	7	5	9	4	2	6
2	4	7	8	1	6	3	5	9
4	5	1	6	9	7	2	3	8
9	2	3	5	8	4	6	7	1
7	8	6	3	2	1	5	9	4

Solutions

49

4	9	3	7	5	2	8	6	1
5	7	1	9	6	8	3	4	2
2	8	6	1	3	4	5	7	9
9	2	5	3	7	6	4	1	8
7	6	8	4	2	1	9	5	3
1	3	4	5	8	9	6	2	7
6	4	9	2	1	3	7	8	5
8	1	7	6	9	5	2	3	4
3	5	2	8	4	7	1	9	6

50

5	3	7	6	9	4	2	1	8
4	2	6	3	8	1	5	7	9
8	9	1	7	5	2	4	6	3
2	5	8	9	3	6	7	4	1
9	7	3	4	1	5	8	2	6
1	6	4	2	7	8	3	9	5
3	4	2	5	6	9	1	8	7
7	8	9	1	4	3	6	5	2
6	1	5	8	2	7	9	3	4

Solutions

51

3	8	2	9	5	4	6	7	1
9	6	5	1	7	2	4	8	3
4	1	7	8	3	6	2	9	5
2	4	6	3	1	8	7	5	9
7	9	8	2	4	5	3	1	6
5	3	1	7	6	9	8	4	2
6	5	9	4	2	7	1	3	8
1	2	4	5	8	3	9	6	7
8	7	3	6	9	1	5	2	4

52

7	9	3	4	2	5	1	6	8
1	4	8	9	6	7	5	3	2
5	2	6	1	8	3	9	7	4
6	5	9	3	4	8	7	2	1
4	1	2	5	7	9	6	8	3
3	8	7	2	1	6	4	9	5
2	3	5	6	9	1	8	4	7
8	6	1	7	3	4	2	5	9
9	7	4	8	5	2	3	1	6

Solutions

53

2	5	9	6	8	7	4	1	3
6	4	3	5	9	1	7	2	8
7	1	8	4	3	2	6	5	9
5	7	4	1	2	8	3	9	6
3	2	6	9	7	4	1	8	5
9	8	1	3	5	6	2	4	7
8	6	2	7	1	5	9	3	4
1	9	7	8	4	3	5	6	2
4	3	5	2	6	9	8	7	1

54

2	5	1	3	9	8	7	6	4
3	7	8	5	6	4	2	9	1
9	4	6	2	1	7	3	5	8
6	9	2	1	4	5	8	3	7
1	8	4	9	7	3	6	2	5
7	3	5	6	8	2	4	1	9
8	6	9	7	2	1	5	4	3
4	1	3	8	5	6	9	7	2
5	2	7	4	3	9	1	8	6

Solutions

55

1	8	7	5	3	6	2	4	9
9	2	4	8	1	7	5	3	6
3	5	6	9	4	2	7	1	8
7	1	5	4	6	8	9	2	3
6	4	8	3	2	9	1	5	7
2	9	3	7	5	1	6	8	4
5	3	2	6	7	4	8	9	1
8	6	1	2	9	3	4	7	5
4	7	9	1	8	5	3	6	2

56

6	1	4	2	3	8	7	9	5
8	9	2	4	7	5	3	6	1
3	7	5	6	9	1	2	4	8
4	8	7	1	2	9	5	3	6
9	2	3	8	5	6	1	7	4
5	6	1	3	4	7	8	2	9
7	4	9	5	1	2	6	8	3
2	5	8	9	6	3	4	1	7
1	3	6	7	8	4	9	5	2

Solutions

57

4	3	6	8	1	9	5	2	7
9	1	7	2	5	4	6	8	3
5	2	8	3	7	6	4	9	1
2	8	3	9	4	1	7	5	6
6	4	5	7	2	3	8	1	9
1	7	9	6	8	5	3	4	2
7	9	4	1	6	8	2	3	5
8	6	1	5	3	2	9	7	4
3	5	2	4	9	7	1	6	8

58

3	6	4	8	7	5	1	9	2
9	8	2	1	4	3	7	5	6
1	5	7	6	2	9	3	8	4
5	3	9	7	6	2	4	1	8
7	2	8	4	9	1	6	3	5
4	1	6	5	3	8	9	2	7
2	4	3	9	8	6	5	7	1
6	9	1	2	5	7	8	4	3
8	7	5	3	1	4	2	6	9

Solutions

59

5	8	6	9	7	4	2	1	3
2	9	1	3	6	5	7	8	4
4	3	7	8	1	2	6	5	9
9	7	5	2	4	6	1	3	8
3	6	4	1	5	8	9	7	2
1	2	8	7	9	3	5	4	6
6	4	3	5	2	1	8	9	7
8	1	9	6	3	7	4	2	5
7	5	2	4	8	9	3	6	1

60

2	6	4	5	1	9	8	3	7
8	7	5	6	3	4	2	9	1
9	1	3	7	8	2	6	4	5
4	8	7	1	5	3	9	6	2
5	2	6	9	7	8	3	1	4
3	9	1	2	4	6	7	5	8
6	3	8	4	2	5	1	7	9
1	5	9	8	6	7	4	2	3
7	4	2	3	9	1	5	8	6

Solutions

61

1	5	2	9	8	7	3	6	4
3	7	9	4	1	6	8	5	2
8	6	4	5	3	2	9	1	7
2	8	7	3	6	9	5	4	1
4	9	1	7	2	5	6	8	3
5	3	6	1	4	8	7	2	9
9	4	8	6	7	1	2	3	5
6	1	5	2	9	3	4	7	8
7	2	3	8	5	4	1	9	6

62

6	7	2	9	5	4	8	3	1
9	5	1	6	8	3	2	7	4
3	8	4	1	2	7	6	5	9
4	6	5	2	7	8	9	1	3
2	1	3	4	9	5	7	8	6
7	9	8	3	1	6	5	4	2
1	4	7	5	6	2	3	9	8
5	3	6	8	4	9	1	2	7
8	2	9	7	3	1	4	6	5

Solutions

63

1	7	2	9	4	8	6	5	3
3	5	4	7	1	6	8	9	2
6	9	8	3	5	2	7	1	4
8	3	9	2	7	1	5	4	6
7	4	6	5	8	9	3	2	1
2	1	5	4	6	3	9	8	7
9	8	3	1	2	7	4	6	5
5	6	1	8	3	4	2	7	9
4	2	7	6	9	5	1	3	8

64

1	4	5	7	3	9	2	8	6
8	9	6	5	2	4	7	3	1
7	3	2	1	6	8	4	5	9
3	2	4	9	1	5	8	6	7
5	8	7	6	4	3	9	1	2
6	1	9	8	7	2	3	4	5
4	6	3	2	9	1	5	7	8
2	5	1	3	8	7	6	9	4
9	7	8	4	5	6	1	2	3

Solutions

65

3	6	9	7	1	2	5	8	4
2	4	1	5	9	8	6	3	7
8	7	5	3	4	6	2	1	9
4	1	6	8	2	3	7	9	5
9	8	3	4	7	5	1	6	2
7	5	2	9	6	1	8	4	3
6	3	7	2	8	4	9	5	1
1	2	4	6	5	9	3	7	8
5	9	8	1	3	7	4	2	6

66

6	7	8	5	9	3	4	1	2
1	3	5	4	2	8	6	9	7
2	9	4	1	7	6	5	8	3
8	6	7	9	3	2	1	4	5
3	5	9	6	1	4	2	7	8
4	1	2	7	8	5	9	3	6
7	4	6	3	5	9	8	2	1
9	8	1	2	6	7	3	5	4
5	2	3	8	4	1	7	6	9

Solutions

67

7	6	2	9	4	5	3	1	8
9	3	5	7	8	1	6	4	2
8	1	4	6	3	2	9	7	5
1	9	3	5	2	8	7	6	4
5	8	6	3	7	4	1	2	9
2	4	7	1	9	6	8	5	3
3	2	9	4	1	7	5	8	6
6	7	8	2	5	3	4	9	1
4	5	1	8	6	9	2	3	7

68

1	6	8	7	9	3	5	4	2
2	7	4	8	5	1	6	3	9
9	5	3	2	4	6	7	8	1
3	8	9	5	6	2	4	1	7
7	1	2	9	8	4	3	6	5
5	4	6	1	3	7	2	9	8
4	9	7	6	2	8	1	5	3
6	2	5	3	1	9	8	7	4
8	3	1	4	7	5	9	2	6

Solutions

69

1	3	4	5	2	8	6	9	7
2	6	8	3	7	9	4	1	5
9	7	5	1	6	4	8	3	2
6	5	2	8	3	1	9	7	4
3	9	7	2	4	6	1	5	8
4	8	1	7	9	5	2	6	3
7	4	3	9	1	2	5	8	6
5	2	9	6	8	3	7	4	1
8	1	6	4	5	7	3	2	9

70

7	5	8	6	3	1	9	2	4
2	4	6	8	9	5	7	3	1
3	9	1	2	7	4	5	6	8
6	8	9	3	1	7	4	5	2
4	1	7	5	2	8	6	9	3
5	3	2	4	6	9	1	8	7
9	6	4	7	8	3	2	1	5
1	7	3	9	5	2	8	4	6
8	2	5	1	4	6	3	7	9

Solutions

71

3	7	2	5	1	8	4	9	6
8	5	4	9	6	3	2	1	7
6	9	1	2	7	4	3	8	5
4	3	8	1	5	9	7	6	2
7	6	5	4	8	2	9	3	1
1	2	9	6	3	7	5	4	8
2	1	6	3	4	5	8	7	9
5	4	7	8	9	6	1	2	3
9	8	3	7	2	1	6	5	4

72

7	2	3	1	8	9	4	6	5
6	9	1	5	3	4	2	8	7
4	8	5	7	6	2	9	1	3
1	7	2	4	9	8	5	3	6
3	4	8	6	5	7	1	9	2
9	5	6	2	1	3	8	7	4
8	6	9	3	2	5	7	4	1
5	3	7	8	4	1	6	2	9
2	1	4	9	7	6	3	5	8

Solutions

73

4	1	2	3	9	7	5	6	8
6	8	5	1	4	2	9	3	7
3	9	7	6	8	5	2	4	1
5	6	4	7	3	1	8	9	2
7	2	9	4	6	8	1	5	3
1	3	8	5	2	9	4	7	6
8	4	3	2	5	6	7	1	9
9	5	1	8	7	3	6	2	4
2	7	6	9	1	4	3	8	5

74

4	8	9	6	3	5	1	7	2
3	1	2	9	7	8	5	4	6
6	5	7	1	4	2	8	9	3
1	6	3	2	9	4	7	5	8
9	7	8	5	1	6	3	2	4
5	2	4	7	8	3	6	1	9
2	4	6	8	5	1	9	3	7
8	9	5	3	2	7	4	6	1
7	3	1	4	6	9	2	8	5

Solutions

75

3	6	2	7	9	8	4	5	1
5	1	7	6	4	2	8	3	9
9	8	4	1	3	5	7	2	6
4	5	3	8	7	6	9	1	2
8	2	9	4	1	3	5	6	7
6	7	1	2	5	9	3	4	8
1	9	8	5	2	4	6	7	3
7	4	6	3	8	1	2	9	5
2	3	5	9	6	7	1	8	4

76

6	8	7	5	2	1	9	3	4
9	4	1	6	7	3	5	8	2
3	2	5	8	4	9	1	7	6
5	1	8	4	9	6	7	2	3
7	6	9	2	3	5	8	4	1
2	3	4	1	8	7	6	9	5
4	5	3	9	6	8	2	1	7
1	9	2	7	5	4	3	6	8
8	7	6	3	1	2	4	5	9

Solutions

77

7	2	4	3	8	5	6	9	1
3	1	8	6	4	9	7	5	2
9	5	6	1	2	7	8	3	4
5	6	2	8	7	1	3	4	9
1	7	3	5	9	4	2	6	8
4	8	9	2	6	3	5	1	7
2	4	1	7	3	6	9	8	5
6	9	7	4	5	8	1	2	3
8	3	5	9	1	2	4	7	6

78

8	6	7	9	2	5	3	1	4
3	1	9	6	4	8	2	7	5
5	4	2	1	7	3	9	6	8
7	3	6	2	5	1	4	8	9
9	5	4	3	8	6	1	2	7
2	8	1	4	9	7	5	3	6
6	2	8	5	3	4	7	9	1
4	7	3	8	1	9	6	5	2
1	9	5	7	6	2	8	4	3

Solutions

79

8	5	7	1	4	6	3	2	9
1	6	3	2	9	7	8	5	4
2	9	4	5	8	3	6	7	1
9	1	5	8	2	4	7	3	6
6	7	2	9	3	5	1	4	8
4	3	8	6	7	1	2	9	5
3	4	9	7	6	8	5	1	2
5	2	6	3	1	9	4	8	7
7	8	1	4	5	2	9	6	3

80

4	5	1	2	6	7	9	3	8
9	6	7	8	3	5	1	2	4
2	3	8	9	4	1	6	7	5
3	2	5	6	7	4	8	9	1
8	1	4	3	5	9	2	6	7
6	7	9	1	8	2	4	5	3
5	9	3	4	1	6	7	8	2
1	8	6	7	2	3	5	4	9
7	4	2	5	9	8	3	1	6

Solutions

81

9	3	5	1	8	7	4	2	6
8	2	6	4	9	3	7	1	5
7	1	4	2	5	6	9	3	8
2	8	9	6	1	5	3	7	4
1	5	7	8	3	4	2	6	9
4	6	3	9	7	2	8	5	1
3	4	2	5	6	9	1	8	7
5	7	8	3	4	1	6	9	2
6	9	1	7	2	8	5	4	3

82

7	1	6	2	5	9	8	3	4
2	8	3	4	6	1	5	9	7
4	9	5	7	3	8	1	2	6
5	2	9	6	4	7	3	8	1
8	6	4	1	2	3	7	5	9
1	3	7	9	8	5	6	4	2
6	5	1	8	9	2	4	7	3
3	7	2	5	1	4	9	6	8
9	4	8	3	7	6	2	1	5

Solutions

83

2	1	6	3	4	8	9	7	5
5	8	3	9	1	7	2	4	6
4	9	7	5	2	6	8	3	1
1	5	2	7	6	4	3	8	9
9	7	4	1	8	3	6	5	2
6	3	8	2	5	9	4	1	7
3	6	5	8	9	1	7	2	4
7	2	9	4	3	5	1	6	8
8	4	1	6	7	2	5	9	3

84

5	4	7	2	6	9	3	1	8
2	6	1	8	3	7	4	5	9
8	3	9	5	1	4	6	7	2
7	9	8	4	2	6	5	3	1
3	5	4	7	9	1	8	2	6
1	2	6	3	5	8	9	4	7
4	7	3	9	8	2	1	6	5
6	8	5	1	7	3	2	9	4
9	1	2	6	4	5	7	8	3

Solutions

85

7	1	9	3	6	2	4	8	5
3	8	2	7	5	4	9	1	6
6	5	4	1	9	8	3	2	7
9	6	8	2	3	5	7	4	1
5	7	3	6	4	1	2	9	8
4	2	1	9	8	7	5	6	3
8	9	5	4	7	6	1	3	2
1	4	7	8	2	3	6	5	9
2	3	6	5	1	9	8	7	4

86

1	8	3	2	9	6	5	4	7
7	5	2	4	3	8	6	9	1
4	9	6	1	7	5	3	8	2
3	4	7	8	6	1	9	2	5
6	1	9	5	2	7	4	3	8
8	2	5	9	4	3	7	1	6
5	3	4	6	8	2	1	7	9
9	6	8	7	1	4	2	5	3
2	7	1	3	5	9	8	6	4

87

9	2	6	1	7	3	5	8	4
5	7	3	8	4	6	2	1	9
1	4	8	9	2	5	7	6	3
3	9	5	4	8	1	6	7	2
7	8	2	6	3	9	1	4	5
4	6	1	7	5	2	3	9	8
2	1	9	5	6	4	8	3	7
6	5	7	3	9	8	4	2	1
8	3	4	2	1	7	9	5	6

88

6	5	4	8	7	9	1	2	3
9	3	2	1	4	6	7	8	5
1	8	7	5	2	3	6	4	9
4	7	5	9	8	1	3	6	2
8	2	1	6	3	4	9	5	7
3	9	6	2	5	7	4	1	8
7	4	8	3	6	5	2	9	1
2	1	3	4	9	8	5	7	6
5	6	9	7	1	2	8	3	4

Solutions

89

7	6	5	9	4	2	1	8	3
8	4	9	7	1	3	6	5	2
1	3	2	8	6	5	7	9	4
3	5	1	4	8	9	2	6	7
9	2	6	1	5	7	4	3	8
4	7	8	2	3	6	9	1	5
2	8	7	5	9	1	3	4	6
6	9	4	3	2	8	5	7	1
5	1	3	6	7	4	8	2	9

90

2	4	9	3	8	7	6	5	1
1	8	3	2	6	5	9	7	4
6	5	7	1	9	4	8	3	2
5	3	1	7	4	8	2	9	6
4	9	2	6	5	3	1	8	7
8	7	6	9	1	2	3	4	5
9	1	4	5	3	6	7	2	8
3	2	8	4	7	1	5	6	9
7	6	5	8	2	9	4	1	3

Solutions

91

6	8	4	7	9	5	3	2	1
9	2	7	3	1	8	5	4	6
3	1	5	6	4	2	7	9	8
7	4	6	2	3	1	8	5	9
2	5	1	8	7	9	4	6	3
8	3	9	4	5	6	2	1	7
5	6	8	9	2	7	1	3	4
4	9	2	1	8	3	6	7	5
1	7	3	5	6	4	9	8	2

92

8	1	7	6	5	2	4	3	9
4	2	6	3	9	8	7	1	5
9	5	3	4	1	7	6	2	8
5	3	1	2	7	6	9	8	4
2	4	9	1	8	5	3	6	7
7	6	8	9	3	4	2	5	1
3	8	5	7	2	9	1	4	6
1	9	4	5	6	3	8	7	2
6	7	2	8	4	1	5	9	3

Solutions

93

3	6	7	5	9	8	1	4	2
4	2	8	1	6	7	3	9	5
9	1	5	3	2	4	8	7	6
7	4	6	2	1	9	5	8	3
2	8	9	7	5	3	4	6	1
5	3	1	4	8	6	9	2	7
6	5	4	8	7	1	2	3	9
8	9	2	6	3	5	7	1	4
1	7	3	9	4	2	6	5	8

94

9	8	6	1	7	5	3	2	4
3	5	4	8	2	9	7	1	6
1	7	2	3	6	4	8	5	9
7	2	5	4	1	6	9	8	3
4	9	8	5	3	2	6	7	1
6	1	3	7	9	8	2	4	5
5	4	9	6	8	7	1	3	2
8	6	1	2	5	3	4	9	7
2	3	7	9	4	1	5	6	8

95

7	3	2	1	9	8	4	6	5
8	9	5	6	3	4	2	7	1
1	4	6	7	5	2	3	8	9
3	5	9	4	2	6	7	1	8
6	7	1	3	8	9	5	4	2
4	2	8	5	1	7	6	9	3
2	6	3	8	7	1	9	5	4
5	1	4	9	6	3	8	2	7
9	8	7	2	4	5	1	3	6

96

3	2	6	8	7	1	9	5	4
7	4	1	5	9	6	8	2	3
9	5	8	4	2	3	6	1	7
8	3	4	1	5	9	2	7	6
5	6	9	7	3	2	1	4	8
1	7	2	6	8	4	3	9	5
6	9	5	2	4	8	7	3	1
4	1	3	9	6	7	5	8	2
2	8	7	3	1	5	4	6	9

Solutions

97

7	4	2	8	5	3	6	9	1
9	6	8	7	1	2	3	4	5
3	5	1	4	9	6	2	8	7
6	2	4	5	7	1	8	3	9
8	3	5	6	4	9	1	7	2
1	9	7	2	3	8	4	5	6
4	8	9	1	6	7	5	2	3
2	7	6	3	8	5	9	1	4
5	1	3	9	2	4	7	6	8

98

6	8	1	9	4	3	5	2	7
9	7	2	1	5	8	3	4	6
4	3	5	7	6	2	9	1	8
8	5	6	4	2	9	1	7	3
3	4	9	8	1	7	2	6	5
2	1	7	5	3	6	8	9	4
7	6	3	2	8	1	4	5	9
1	9	4	3	7	5	6	8	2
5	2	8	6	9	4	7	3	1

Solutions

99

4	8	1	7	9	3	6	5	2
9	3	6	2	4	5	8	7	1
5	7	2	1	6	8	4	3	9
7	1	8	6	3	9	2	4	5
3	5	9	4	2	1	7	8	6
2	6	4	8	5	7	9	1	3
6	2	7	5	1	4	3	9	8
1	4	3	9	8	2	5	6	7
8	9	5	3	7	6	1	2	4

100

8	2	5	1	9	4	3	7	6
6	9	1	3	7	2	8	5	4
4	3	7	6	5	8	9	1	2
5	1	6	2	8	3	4	9	7
3	8	9	4	1	7	2	6	5
7	4	2	9	6	5	1	3	8
2	6	4	7	3	1	5	8	9
9	5	3	8	4	6	7	2	1
1	7	8	5	2	9	6	4	3

Solutions

101

9	6	8	4	5	7	2	1	3
2	7	1	9	3	6	8	5	4
4	5	3	2	8	1	9	7	6
3	4	7	8	1	9	5	6	2
8	1	6	3	2	5	4	9	7
5	9	2	7	6	4	1	3	8
1	2	4	5	7	3	6	8	9
6	3	9	1	4	8	7	2	5
7	8	5	6	9	2	3	4	1

102

7	5	8	6	2	4	3	9	1
4	3	2	7	1	9	8	6	5
1	9	6	3	8	5	4	7	2
5	7	9	2	4	1	6	3	8
3	6	1	8	5	7	9	2	4
8	2	4	9	6	3	5	1	7
2	4	7	5	9	6	1	8	3
6	8	5	1	3	2	7	4	9
9	1	3	4	7	8	2	5	6

103

2	1	3	6	4	8	9	5	7
8	7	6	9	2	5	1	4	3
5	4	9	1	7	3	8	2	6
6	8	1	2	9	4	7	3	5
4	9	7	5	3	6	2	8	1
3	2	5	8	1	7	4	6	9
1	5	2	3	8	9	6	7	4
7	3	8	4	6	1	5	9	2
9	6	4	7	5	2	3	1	8

104

5	4	1	6	3	7	2	8	9
6	7	2	9	4	8	5	1	3
9	3	8	2	5	1	4	7	6
3	2	9	5	1	6	7	4	8
4	1	7	3	8	9	6	5	2
8	5	6	4	7	2	3	9	1
2	8	5	1	6	4	9	3	7
1	6	3	7	9	5	8	2	4
7	9	4	8	2	3	1	6	5

Solutions

105

1	9	8	2	5	4	3	7	6
6	2	3	8	1	7	4	5	9
5	4	7	9	6	3	2	1	8
4	7	6	1	3	5	8	9	2
8	5	9	7	4	2	6	3	1
2	3	1	6	9	8	7	4	5
7	6	5	3	2	1	9	8	4
9	8	4	5	7	6	1	2	3
3	1	2	4	8	9	5	6	7

106

1	9	4	3	6	2	5	8	7
8	3	7	9	4	5	1	6	2
6	5	2	7	8	1	4	9	3
3	2	8	5	9	6	7	1	4
5	4	1	8	3	7	6	2	9
9	7	6	1	2	4	3	5	8
7	6	9	4	5	8	2	3	1
2	1	3	6	7	9	8	4	5
4	8	5	2	1	3	9	7	6

Solutions

107

6	2	4	8	7	9	1	5	3
7	5	3	1	2	6	9	4	8
8	1	9	5	3	4	2	7	6
5	9	1	3	8	2	7	6	4
3	4	7	9	6	1	5	8	2
2	6	8	7	4	5	3	1	9
9	7	6	2	5	8	4	3	1
4	3	2	6	1	7	8	9	5
1	8	5	4	9	3	6	2	7

108

7	8	2	3	1	6	9	4	5
1	9	6	5	4	7	2	3	8
4	5	3	2	9	8	1	7	6
9	7	1	8	6	5	3	2	4
6	4	5	1	2	3	7	8	9
2	3	8	4	7	9	6	5	1
3	6	9	7	5	4	8	1	2
8	1	4	9	3	2	5	6	7
5	2	7	6	8	1	4	9	3

Solutions

109

8	1	4	5	7	2	9	3	6
5	7	9	3	8	6	2	1	4
6	2	3	9	4	1	5	7	8
2	8	7	4	6	9	1	5	3
4	6	1	7	5	3	8	2	9
9	3	5	1	2	8	4	6	7
3	9	8	6	1	5	7	4	2
7	5	6	2	9	4	3	8	1
1	4	2	8	3	7	6	9	5

110

4	3	1	2	9	8	6	5	7
2	9	8	6	7	5	4	1	3
6	5	7	4	3	1	2	9	8
7	6	3	1	5	4	8	2	9
9	4	2	7	8	6	1	3	5
8	1	5	3	2	9	7	6	4
5	2	9	8	1	7	3	4	6
3	8	6	5	4	2	9	7	1
1	7	4	9	6	3	5	8	2

Solutions

111

8	6	7	2	1	4	3	9	5
3	9	2	5	8	6	1	4	7
5	1	4	9	3	7	8	6	2
4	5	1	6	7	2	9	8	3
2	8	3	1	5	9	4	7	6
9	7	6	3	4	8	2	5	1
1	2	9	4	6	5	7	3	8
6	3	8	7	9	1	5	2	4
7	4	5	8	2	3	6	1	9

112

5	3	8	6	1	9	7	2	4
7	4	1	3	8	2	6	9	5
2	6	9	7	5	4	3	8	1
4	8	6	1	7	3	9	5	2
9	5	7	8	2	6	4	1	3
3	1	2	4	9	5	8	6	7
6	2	5	9	3	7	1	4	8
1	9	3	2	4	8	5	7	6
8	7	4	5	6	1	2	3	9

Solutions

113

8	6	7	3	2	4	5	1	9
9	4	1	6	5	8	2	3	7
3	2	5	7	1	9	8	4	6
1	8	4	5	9	3	6	7	2
2	5	3	1	7	6	4	9	8
7	9	6	8	4	2	1	5	3
6	1	9	4	8	7	3	2	5
4	3	2	9	6	5	7	8	1
5	7	8	2	3	1	9	6	4

114

4	6	5	1	8	3	7	9	2
3	1	7	2	5	9	4	8	6
8	2	9	7	6	4	3	5	1
7	5	4	3	1	8	6	2	9
2	9	8	5	7	6	1	4	3
1	3	6	9	4	2	8	7	5
5	7	3	8	9	1	2	6	4
9	4	1	6	2	7	5	3	8
6	8	2	4	3	5	9	1	7

115

8	4	1	5	2	9	7	6	3
3	7	2	1	6	4	9	5	8
6	5	9	8	7	3	1	4	2
7	2	5	6	9	8	4	3	1
1	3	6	7	4	2	5	8	9
9	8	4	3	5	1	6	2	7
5	1	3	9	8	6	2	7	4
2	9	7	4	3	5	8	1	6
4	6	8	2	1	7	3	9	5

116

6	5	1	3	7	8	2	4	9
8	7	4	2	6	9	1	3	5
9	2	3	1	5	4	7	8	6
7	3	6	8	9	1	5	2	4
5	4	9	7	2	6	8	1	3
1	8	2	5	4	3	9	6	7
4	1	8	9	3	7	6	5	2
3	9	5	6	1	2	4	7	8
2	6	7	4	8	5	3	9	1

Solutions

117

5	2	8	1	3	4	6	9	7
1	9	3	7	6	5	2	8	4
4	7	6	8	9	2	1	3	5
7	3	5	9	2	1	8	4	6
9	6	1	4	8	3	5	7	2
2	8	4	5	7	6	9	1	3
3	5	9	6	1	7	4	2	8
6	1	7	2	4	8	3	5	9
8	4	2	3	5	9	7	6	1

118

6	9	5	2	4	3	7	1	8
7	1	2	5	8	9	3	6	4
4	3	8	1	7	6	2	5	9
9	4	1	7	3	5	6	8	2
5	2	6	8	9	1	4	7	3
8	7	3	4	6	2	5	9	1
1	8	4	3	5	7	9	2	6
3	5	9	6	2	8	1	4	7
2	6	7	9	1	4	8	3	5

Solutions

119

5	7	6	8	4	3	9	1	2
8	2	3	1	5	9	6	7	4
9	1	4	7	6	2	3	5	8
6	9	2	4	3	1	5	8	7
3	8	7	5	2	6	4	9	1
4	5	1	9	7	8	2	3	6
2	6	9	3	1	7	8	4	5
1	3	5	6	8	4	7	2	9
7	4	8	2	9	5	1	6	3

120

1	4	6	2	8	7	3	9	5
3	9	2	4	6	5	8	7	1
8	7	5	9	1	3	2	4	6
9	5	8	7	4	1	6	2	3
7	2	1	5	3	6	9	8	4
6	3	4	8	2	9	1	5	7
4	8	3	6	7	2	5	1	9
5	6	7	1	9	8	4	3	2
2	1	9	3	5	4	7	6	8

Solutions

121

6	7	5	1	2	8	4	3	9
8	4	3	7	9	6	2	5	1
1	9	2	5	4	3	8	6	7
2	6	9	8	5	1	7	4	3
3	5	4	6	7	9	1	8	2
7	1	8	4	3	2	5	9	6
4	2	6	3	1	5	9	7	8
9	8	7	2	6	4	3	1	5
5	3	1	9	8	7	6	2	4

122

8	1	4	9	5	2	6	3	7
9	2	7	3	4	6	1	8	5
3	5	6	1	7	8	4	2	9
1	9	8	6	3	5	7	4	2
5	6	2	4	1	7	3	9	8
7	4	3	8	2	9	5	6	1
6	8	1	7	9	3	2	5	4
4	3	5	2	8	1	9	7	6
2	7	9	5	6	4	8	1	3

Solutions

123

9	6	7	4	8	3	1	5	2
3	4	1	5	2	9	7	8	6
8	2	5	1	7	6	4	9	3
5	7	2	6	3	4	8	1	9
1	8	9	7	5	2	6	3	4
6	3	4	8	9	1	2	7	5
2	1	8	9	6	5	3	4	7
7	5	6	3	4	8	9	2	1
4	9	3	2	1	7	5	6	8

124

2	3	9	4	8	5	7	1	6
8	5	4	6	1	7	3	2	9
7	6	1	3	9	2	4	5	8
6	8	7	1	5	9	2	4	3
5	9	3	2	6	4	8	7	1
4	1	2	7	3	8	6	9	5
1	7	5	8	4	6	9	3	2
9	4	6	5	2	3	1	8	7
3	2	8	9	7	1	5	6	4

Solutions

125

9	5	8	1	7	3	6	2	4
1	6	3	2	4	5	9	7	8
2	4	7	6	8	9	3	5	1
6	7	1	9	3	8	5	4	2
5	9	2	4	1	7	8	3	6
8	3	4	5	2	6	7	1	9
4	8	5	7	6	1	2	9	3
7	2	6	3	9	4	1	8	5
3	1	9	8	5	2	4	6	7

126

1	8	3	7	6	9	2	5	4
5	7	9	2	1	4	3	8	6
6	2	4	5	8	3	1	7	9
7	4	1	6	3	8	5	9	2
3	6	2	9	5	7	8	4	1
8	9	5	1	4	2	6	3	7
9	5	8	4	2	1	7	6	3
4	1	6	3	7	5	9	2	8
2	3	7	8	9	6	4	1	5

Solutions

127

4	8	5	6	1	3	9	2	7
1	3	2	7	8	9	4	5	6
9	6	7	4	5	2	8	3	1
2	5	1	3	4	6	7	8	9
6	7	3	8	9	1	5	4	2
8	9	4	2	7	5	6	1	3
3	4	6	5	2	7	1	9	8
7	1	8	9	3	4	2	6	5
5	2	9	1	6	8	3	7	4

128

8	5	7	2	1	9	6	4	3
6	4	3	8	7	5	2	1	9
9	2	1	6	3	4	8	7	5
7	3	8	4	5	1	9	6	2
1	9	2	3	6	8	7	5	4
4	6	5	7	9	2	3	8	1
5	8	4	9	2	6	1	3	7
3	1	9	5	8	7	4	2	6
2	7	6	1	4	3	5	9	8

Solutions

129

7	8	2	9	3	4	1	6	5
6	3	4	5	8	1	9	7	2
1	9	5	7	6	2	8	4	3
5	4	8	1	9	6	2	3	7
2	1	3	4	5	7	6	9	8
9	7	6	3	2	8	4	5	1
3	5	1	8	4	9	7	2	6
8	2	9	6	7	5	3	1	4
4	6	7	2	1	3	5	8	9

130

5	7	4	3	1	6	8	2	9
6	3	1	9	2	8	5	4	7
9	2	8	4	5	7	1	6	3
1	9	5	6	7	2	3	8	4
3	4	7	8	9	1	6	5	2
2	8	6	5	3	4	7	9	1
4	6	2	7	8	3	9	1	5
8	5	3	1	4	9	2	7	6
7	1	9	2	6	5	4	3	8

131

9	7	2	3	1	4	6	8	5
4	6	5	7	2	8	3	1	9
8	1	3	6	5	9	7	4	2
6	3	7	4	9	5	1	2	8
1	5	4	8	6	2	9	3	7
2	8	9	1	3	7	5	6	4
3	4	8	9	7	6	2	5	1
7	2	1	5	4	3	8	9	6
5	9	6	2	8	1	4	7	3

132

8	9	6	7	1	3	2	5	4
3	4	2	6	5	9	8	1	7
5	7	1	2	8	4	3	9	6
2	6	9	1	3	5	7	4	8
1	5	4	8	7	2	9	6	3
7	8	3	4	9	6	1	2	5
6	2	7	9	4	8	5	3	1
4	1	5	3	2	7	6	8	9
9	3	8	5	6	1	4	7	2

Solutions

133

6	1	5	9	4	3	7	2	8
9	3	2	8	5	7	6	4	1
8	4	7	6	2	1	3	5	9
4	2	3	1	6	8	9	7	5
1	8	9	3	7	5	4	6	2
7	5	6	2	9	4	8	1	3
3	6	4	5	8	2	1	9	7
5	9	8	7	1	6	2	3	4
2	7	1	4	3	9	5	8	6

134

2	3	4	7	9	1	6	8	5
1	8	5	6	2	3	9	7	4
6	9	7	4	8	5	3	1	2
8	1	2	5	3	4	7	9	6
9	4	3	2	6	7	1	5	8
5	7	6	9	1	8	4	2	3
4	2	9	8	7	6	5	3	1
7	5	1	3	4	2	8	6	9
3	6	8	1	5	9	2	4	7

135

8	1	9	3	7	5	4	6	2
2	7	4	9	8	6	1	3	5
5	3	6	4	1	2	7	9	8
1	9	5	2	6	8	3	4	7
6	4	8	7	3	1	5	2	9
7	2	3	5	4	9	8	1	6
3	6	7	8	2	4	9	5	1
9	8	2	1	5	3	6	7	4
4	5	1	6	9	7	2	8	3

136

1	9	8	6	4	2	5	3	7
7	2	5	3	9	8	4	6	1
4	6	3	7	1	5	9	2	8
5	7	1	9	8	6	2	4	3
9	3	4	2	7	1	6	8	5
2	8	6	4	5	3	7	1	9
6	5	7	8	3	4	1	9	2
3	4	9	1	2	7	8	5	6
8	1	2	5	6	9	3	7	4

Solutions

137

5	2	7	9	6	3	1	8	4
3	6	4	8	2	1	9	5	7
8	9	1	7	5	4	6	3	2
1	4	6	3	9	8	2	7	5
7	5	3	1	4	2	8	6	9
2	8	9	5	7	6	3	4	1
4	1	2	6	3	7	5	9	8
9	3	8	4	1	5	7	2	6
6	7	5	2	8	9	4	1	3

138

5	2	1	6	9	7	3	4	8
6	8	3	4	1	2	5	9	7
7	9	4	5	8	3	2	1	6
8	7	6	1	2	4	9	5	3
1	3	5	9	7	6	8	2	4
2	4	9	8	3	5	6	7	1
4	1	8	3	5	9	7	6	2
9	6	2	7	4	8	1	3	5
3	5	7	2	6	1	4	8	9

139

1	9	7	4	6	3	5	8	2
8	6	3	5	2	9	7	1	4
5	4	2	1	7	8	9	6	3
6	7	4	8	5	2	3	9	1
3	1	5	7	9	6	4	2	8
9	2	8	3	1	4	6	5	7
2	3	6	9	4	1	8	7	5
4	5	1	6	8	7	2	3	9
7	8	9	2	3	5	1	4	6

140

7	2	1	8	5	6	4	9	3
3	5	6	9	4	1	2	8	7
4	9	8	2	3	7	5	6	1
5	3	4	7	6	8	1	2	9
1	6	9	3	2	4	7	5	8
8	7	2	5	1	9	3	4	6
2	8	3	6	7	5	9	1	4
6	1	7	4	9	2	8	3	5
9	4	5	1	8	3	6	7	2

Solutions

141

2	3	6	1	5	4	9	7	8
8	5	4	2	7	9	3	1	6
1	9	7	8	6	3	4	5	2
4	2	1	9	8	6	5	3	7
5	6	3	4	1	7	2	8	9
9	7	8	3	2	5	6	4	1
6	1	9	5	4	8	7	2	3
7	4	2	6	3	1	8	9	5
3	8	5	7	9	2	1	6	4

142

9	3	1	2	5	6	7	8	4
2	6	4	9	7	8	5	1	3
7	5	8	3	4	1	6	2	9
1	2	5	7	6	3	4	9	8
4	7	3	8	1	9	2	5	6
6	8	9	5	2	4	3	7	1
3	4	7	1	9	2	8	6	5
8	9	2	6	3	5	1	4	7
5	1	6	4	8	7	9	3	2

Solutions

143

6	7	3	1	4	5	2	8	9
9	4	5	2	8	6	3	1	7
1	2	8	9	7	3	5	4	6
4	8	6	7	2	9	1	3	5
5	9	2	8	3	1	7	6	4
7	3	1	5	6	4	9	2	8
8	5	7	4	1	2	6	9	3
2	6	4	3	9	7	8	5	1
3	1	9	6	5	8	4	7	2

144

4	1	5	2	6	9	7	8	3
9	2	3	8	1	7	4	6	5
8	6	7	3	5	4	9	1	2
2	9	1	6	4	8	3	5	7
7	3	6	5	9	1	2	4	8
5	4	8	7	2	3	1	9	6
6	7	9	4	8	2	5	3	1
3	8	4	1	7	5	6	2	9
1	5	2	9	3	6	8	7	4

Solutions

145

2	7	4	9	8	5	3	6	1
8	1	9	3	4	6	7	2	5
6	5	3	7	2	1	4	9	8
5	4	6	2	7	9	1	8	3
9	3	8	6	1	4	5	7	2
1	2	7	5	3	8	6	4	9
3	8	2	4	5	7	9	1	6
4	9	1	8	6	3	2	5	7
7	6	5	1	9	2	8	3	4

146

2	7	6	1	8	4	9	3	5
9	1	3	2	5	6	7	4	8
5	4	8	7	3	9	6	2	1
7	5	9	4	6	2	8	1	3
4	3	1	8	9	7	2	5	6
6	8	2	5	1	3	4	7	9
8	2	5	6	4	1	3	9	7
3	6	4	9	7	5	1	8	2
1	9	7	3	2	8	5	6	4

Solutions

147

2	9	6	1	7	5	4	3	8
4	5	1	8	3	2	7	9	6
3	8	7	9	6	4	2	5	1
6	1	5	4	9	8	3	2	7
8	2	9	7	1	3	6	4	5
7	3	4	5	2	6	1	8	9
5	7	2	3	8	1	9	6	4
9	6	8	2	4	7	5	1	3
1	4	3	6	5	9	8	7	2

148

9	7	8	1	4	5	6	2	3
3	2	1	7	6	8	4	9	5
6	5	4	2	3	9	1	7	8
2	9	7	6	5	1	3	8	4
4	1	3	8	7	2	5	6	9
5	8	6	3	9	4	7	1	2
1	4	9	5	2	6	8	3	7
7	6	5	9	8	3	2	4	1
8	3	2	4	1	7	9	5	6

Solutions

149

1	5	9	8	7	2	4	3	6
7	3	2	4	9	6	5	1	8
8	4	6	3	1	5	9	2	7
9	1	4	5	3	8	6	7	2
3	6	5	7	2	1	8	4	9
2	8	7	6	4	9	1	5	3
6	2	3	1	8	4	7	9	5
5	9	1	2	6	7	3	8	4
4	7	8	9	5	3	2	6	1

150

1	5	3	4	8	9	7	2	6
7	4	8	6	2	3	1	5	9
6	9	2	5	7	1	8	3	4
8	1	4	3	9	6	2	7	5
9	3	6	7	5	2	4	1	8
5	2	7	1	4	8	9	6	3
4	7	1	9	3	5	6	8	2
2	6	5	8	1	4	3	9	7
3	8	9	2	6	7	5	4	1

Solutions

151

1	6	5	4	8	3	9	7	2
3	9	4	7	1	2	6	5	8
8	2	7	6	5	9	4	3	1
2	7	9	1	3	5	8	4	6
6	4	1	8	9	7	3	2	5
5	3	8	2	4	6	1	9	7
7	8	6	9	2	4	5	1	3
4	1	3	5	7	8	2	6	9
9	5	2	3	6	1	7	8	4

152

3	2	1	9	7	6	4	5	8
7	4	9	3	5	8	1	2	6
5	8	6	2	4	1	3	7	9
6	7	3	5	1	9	8	4	2
1	5	2	7	8	4	9	6	3
8	9	4	6	3	2	5	1	7
9	1	5	8	2	7	6	3	4
4	6	7	1	9	3	2	8	5
2	3	8	4	6	5	7	9	1

Solutions

153

9	3	7	1	6	5	4	2	8
8	2	5	7	4	9	1	3	6
6	4	1	8	2	3	5	7	9
4	7	8	2	5	6	9	1	3
1	5	3	4	9	8	7	6	2
2	9	6	3	1	7	8	4	5
7	6	4	5	8	2	3	9	1
5	1	9	6	3	4	2	8	7
3	8	2	9	7	1	6	5	4

154

8	9	1	5	4	2	6	3	7
6	7	2	3	8	1	5	4	9
3	5	4	7	6	9	2	1	8
9	3	6	8	1	5	7	2	4
2	1	7	4	9	3	8	6	5
4	8	5	6	2	7	1	9	3
5	6	8	1	3	4	9	7	2
1	2	3	9	7	8	4	5	6
7	4	9	2	5	6	3	8	1

Solutions

155

9	6	1	4	8	7	5	3	2
7	8	3	2	5	1	9	6	4
5	2	4	6	3	9	7	1	8
4	9	8	3	1	6	2	5	7
2	1	6	5	7	4	3	8	9
3	7	5	8	9	2	6	4	1
6	5	7	1	2	8	4	9	3
8	4	9	7	6	3	1	2	5
1	3	2	9	4	5	8	7	6

156

3	8	1	5	2	7	6	4	9
6	9	7	4	1	8	5	3	2
4	2	5	9	6	3	1	8	7
1	7	9	6	3	5	4	2	8
5	4	6	8	9	2	7	1	3
2	3	8	1	7	4	9	6	5
7	5	3	2	4	6	8	9	1
9	6	2	7	8	1	3	5	4
8	1	4	3	5	9	2	7	6

Solutions

157

8	7	3	9	2	5	4	6	1
1	2	4	6	7	3	8	9	5
6	9	5	8	1	4	3	2	7
4	8	2	7	5	6	1	3	9
9	5	7	1	3	8	2	4	6
3	1	6	4	9	2	7	5	8
7	3	1	2	6	9	5	8	4
5	4	9	3	8	1	6	7	2
2	6	8	5	4	7	9	1	3

158

3	2	1	8	6	4	9	5	7
9	8	5	2	7	1	4	3	6
6	7	4	9	3	5	8	1	2
1	9	6	4	2	8	5	7	3
5	4	2	3	9	7	1	6	8
8	3	7	5	1	6	2	9	4
7	1	9	6	4	2	3	8	5
4	6	8	1	5	3	7	2	9
2	5	3	7	8	9	6	4	1

Solutions

159

5	9	3	4	8	6	2	1	7
1	4	6	2	3	7	8	5	9
2	8	7	9	1	5	3	4	6
9	6	2	3	7	4	5	8	1
8	3	5	6	9	1	4	7	2
4	7	1	5	2	8	6	9	3
6	2	8	7	4	9	1	3	5
7	5	4	1	6	3	9	2	8
3	1	9	8	5	2	7	6	4

160

3	6	2	4	7	5	1	9	8
4	7	9	1	6	8	3	5	2
5	8	1	3	9	2	6	4	7
6	3	5	8	2	9	4	7	1
9	1	4	5	3	7	2	8	6
7	2	8	6	1	4	9	3	5
8	9	6	2	5	3	7	1	4
2	4	3	7	8	1	5	6	9
1	5	7	9	4	6	8	2	3

Solutions

161

9	3	2	7	6	4	8	5	1
1	6	8	3	5	9	2	7	4
4	7	5	2	8	1	6	9	3
7	8	9	4	1	3	5	2	6
3	2	4	5	9	6	7	1	8
5	1	6	8	7	2	4	3	9
8	4	7	9	3	5	1	6	2
6	5	3	1	2	8	9	4	7
2	9	1	6	4	7	3	8	5

162

3	8	4	2	6	9	7	5	1
7	2	6	5	4	1	3	9	8
9	5	1	8	3	7	2	4	6
5	9	3	6	1	8	4	7	2
2	6	7	4	9	5	1	8	3
4	1	8	3	7	2	5	6	9
1	3	5	7	8	6	9	2	4
6	7	9	1	2	4	8	3	5
8	4	2	9	5	3	6	1	7

163

6	3	9	1	8	2	5	4	7
1	7	4	9	5	6	3	2	8
8	5	2	4	7	3	1	9	6
4	1	3	5	2	8	6	7	9
2	6	7	3	9	1	4	8	5
9	8	5	7	6	4	2	3	1
7	9	6	2	4	5	8	1	3
5	2	1	8	3	9	7	6	4
3	4	8	6	1	7	9	5	2

164

6	1	8	9	7	2	5	4	3
5	7	4	8	1	3	9	6	2
2	3	9	4	6	5	1	7	8
1	8	3	2	9	4	7	5	6
7	4	2	1	5	6	8	3	9
9	6	5	7	3	8	2	1	4
4	2	6	5	8	1	3	9	7
3	5	7	6	2	9	4	8	1
8	9	1	3	4	7	6	2	5

Solutions

165

6	9	2	4	1	3	5	8	7
8	1	3	7	5	6	2	4	9
5	4	7	8	9	2	3	6	1
1	7	8	2	6	5	4	9	3
2	3	6	9	4	1	7	5	8
9	5	4	3	7	8	1	2	6
7	2	9	6	3	4	8	1	5
4	6	5	1	8	7	9	3	2
3	8	1	5	2	9	6	7	4

166

1	9	3	7	2	8	5	4	6
7	6	8	3	5	4	1	9	2
2	4	5	1	9	6	8	3	7
4	3	7	5	8	9	2	6	1
5	1	6	2	4	3	7	8	9
8	2	9	6	7	1	3	5	4
3	5	1	9	6	7	4	2	8
9	7	4	8	3	2	6	1	5
6	8	2	4	1	5	9	7	3

167

9	5	4	2	7	6	1	8	3
3	6	1	8	9	5	7	2	4
7	8	2	1	3	4	5	9	6
6	1	9	3	5	8	4	7	2
2	4	3	7	1	9	8	6	5
5	7	8	4	6	2	9	3	1
1	2	6	5	8	7	3	4	9
8	9	5	6	4	3	2	1	7
4	3	7	9	2	1	6	5	8

168

5	9	6	1	7	2	4	8	3
8	3	4	6	5	9	2	7	1
1	7	2	8	3	4	5	9	6
3	2	7	9	1	6	8	4	5
4	1	5	3	2	8	7	6	9
9	6	8	5	4	7	3	1	2
2	8	9	7	6	3	1	5	4
6	4	1	2	8	5	9	3	7
7	5	3	4	9	1	6	2	8

Solutions

169

9	5	7	1	2	4	3	8	6
4	1	8	3	6	7	5	9	2
6	3	2	8	9	5	7	1	4
5	4	6	7	1	8	2	3	9
2	8	3	6	5	9	4	7	1
1	7	9	2	4	3	8	6	5
3	6	1	4	7	2	9	5	8
7	9	4	5	8	1	6	2	3
8	2	5	9	3	6	1	4	7

170

3	4	5	1	6	9	7	8	2
6	1	2	8	7	4	3	5	9
9	8	7	3	2	5	4	1	6
4	2	3	5	9	7	1	6	8
7	5	6	4	8	1	2	9	3
8	9	1	6	3	2	5	4	7
1	7	9	2	5	6	8	3	4
5	6	8	7	4	3	9	2	1
2	3	4	9	1	8	6	7	5

Solutions

171

8	1	6	5	3	7	4	9	2
7	9	5	2	4	6	8	1	3
3	2	4	8	9	1	5	7	6
5	7	1	3	6	9	2	4	8
9	6	8	7	2	4	3	5	1
2	4	3	1	8	5	9	6	7
4	8	9	6	1	3	7	2	5
1	3	7	9	5	2	6	8	4
6	5	2	4	7	8	1	3	9

172

8	1	4	3	9	7	2	6	5
9	3	5	8	2	6	4	1	7
7	2	6	1	5	4	9	8	3
6	8	2	5	3	9	7	4	1
5	7	1	6	4	8	3	9	2
4	9	3	7	1	2	6	5	8
2	4	8	9	7	5	1	3	6
3	5	9	2	6	1	8	7	4
1	6	7	4	8	3	5	2	9

Solutions

173

4	7	6	9	2	8	5	3	1
8	5	1	3	7	6	2	9	4
3	2	9	4	1	5	8	6	7
9	8	4	1	6	2	3	7	5
2	1	7	5	3	4	9	8	6
5	6	3	7	8	9	4	1	2
6	3	8	2	4	1	7	5	9
1	9	2	8	5	7	6	4	3
7	4	5	6	9	3	1	2	8

174

3	7	2	9	8	5	1	6	4
8	1	9	4	3	6	2	7	5
4	6	5	7	2	1	3	9	8
6	3	8	5	1	4	7	2	9
1	5	4	2	7	9	6	8	3
2	9	7	8	6	3	5	4	1
7	4	1	3	9	2	8	5	6
5	2	3	6	4	8	9	1	7
9	8	6	1	5	7	4	3	2

Solutions

175

6	2	1	3	9	8	5	4	7
9	8	7	1	4	5	6	3	2
4	3	5	6	2	7	1	8	9
3	5	6	7	8	4	2	9	1
8	1	4	2	6	9	3	7	5
7	9	2	5	3	1	8	6	4
5	6	3	4	7	2	9	1	8
1	4	9	8	5	3	7	2	6
2	7	8	9	1	6	4	5	3

176

9	1	2	3	8	5	6	4	7
8	4	3	6	2	7	5	1	9
7	5	6	4	9	1	3	8	2
3	8	4	2	1	6	7	9	5
1	2	7	9	5	4	8	6	3
6	9	5	8	7	3	1	2	4
2	6	8	7	3	9	4	5	1
5	7	9	1	4	8	2	3	6
4	3	1	5	6	2	9	7	8

Solutions

177

5	4	1	8	3	6	9	2	7
8	3	2	7	9	5	1	4	6
7	9	6	2	4	1	3	5	8
2	1	5	3	8	9	7	6	4
4	6	9	5	2	7	8	3	1
3	7	8	1	6	4	2	9	5
9	5	3	4	7	8	6	1	2
1	2	7	6	5	3	4	8	9
6	8	4	9	1	2	5	7	3

178

1	8	3	9	2	7	4	6	5
5	7	2	1	4	6	8	9	3
4	9	6	5	8	3	2	1	7
7	4	5	8	9	2	1	3	6
6	1	8	3	7	5	9	2	4
2	3	9	4	6	1	5	7	8
3	2	4	6	1	8	7	5	9
8	5	1	7	3	9	6	4	2
9	6	7	2	5	4	3	8	1

Solutions

179

5	1	4	9	3	6	8	7	2
3	8	7	4	2	1	9	5	6
2	9	6	5	8	7	3	1	4
7	5	1	6	4	3	2	8	9
6	2	9	1	5	8	7	4	3
8	4	3	2	7	9	5	6	1
1	6	5	8	9	2	4	3	7
9	7	8	3	6	4	1	2	5
4	3	2	7	1	5	6	9	8

180

3	6	1	5	4	8	7	2	9
2	4	8	9	7	1	3	5	6
9	7	5	6	3	2	8	1	4
4	8	7	3	9	5	2	6	1
6	9	2	1	8	7	5	4	3
5	1	3	4	2	6	9	8	7
7	2	4	8	6	3	1	9	5
1	3	6	2	5	9	4	7	8
8	5	9	7	1	4	6	3	2

Solutions

181

2	7	4	5	1	6	9	3	8
9	8	1	7	3	4	5	6	2
5	3	6	9	8	2	4	1	7
1	4	3	6	7	5	2	8	9
7	6	2	8	4	9	3	5	1
8	5	9	3	2	1	6	7	4
3	9	8	4	5	7	1	2	6
4	1	7	2	6	3	8	9	5
6	2	5	1	9	8	7	4	3

182

7	3	8	6	1	5	2	4	9
6	9	5	4	2	7	8	3	1
1	2	4	3	9	8	7	5	6
2	6	7	5	4	1	9	8	3
8	5	3	9	7	2	1	6	4
9	4	1	8	6	3	5	7	2
3	8	2	1	5	4	6	9	7
4	1	6	7	8	9	3	2	5
5	7	9	2	3	6	4	1	8

Solutions

183

1	5	9	6	7	8	3	2	4
7	4	6	3	2	1	9	5	8
8	3	2	4	9	5	7	1	6
9	8	4	2	3	7	1	6	5
5	6	7	9	1	4	8	3	2
3	2	1	5	8	6	4	9	7
4	9	3	7	6	2	5	8	1
6	1	5	8	4	9	2	7	3
2	7	8	1	5	3	6	4	9

184

1	8	7	9	5	4	2	6	3
9	2	4	8	6	3	1	7	5
6	5	3	2	7	1	4	9	8
8	3	6	4	1	7	5	2	9
2	4	5	6	8	9	7	3	1
7	1	9	3	2	5	6	8	4
3	9	2	1	4	6	8	5	7
5	6	1	7	9	8	3	4	2
4	7	8	5	3	2	9	1	6

Solutions

185

3	5	7	1	4	2	8	9	6
1	8	6	3	9	5	7	4	2
9	4	2	7	8	6	1	3	5
7	1	3	8	2	9	6	5	4
4	9	5	6	7	1	2	8	3
6	2	8	4	5	3	9	1	7
5	3	1	9	6	7	4	2	8
2	6	4	5	1	8	3	7	9
8	7	9	2	3	4	5	6	1

186

9	5	1	7	2	3	8	4	6
2	6	8	4	9	1	7	5	3
7	4	3	8	6	5	1	2	9
8	9	5	3	1	6	2	7	4
3	1	2	9	4	7	5	6	8
4	7	6	5	8	2	9	3	1
5	8	7	6	3	9	4	1	2
6	2	9	1	7	4	3	8	5
1	3	4	2	5	8	6	9	7

187

4	3	8	9	7	2	6	5	1
5	2	6	4	1	8	9	7	3
1	7	9	5	6	3	2	4	8
8	4	3	2	9	5	7	1	6
7	1	2	8	4	6	3	9	5
9	6	5	7	3	1	4	8	2
3	8	7	6	5	9	1	2	4
6	5	4	1	2	7	8	3	9
2	9	1	3	8	4	5	6	7

188

3	6	4	2	7	1	8	5	9
2	7	8	5	9	6	3	4	1
9	5	1	8	4	3	7	6	2
8	4	7	9	3	5	1	2	6
6	3	5	1	8	2	9	7	4
1	9	2	4	6	7	5	3	8
5	2	9	3	1	4	6	8	7
4	1	6	7	5	8	2	9	3
7	8	3	6	2	9	4	1	5

Solutions

189

6	8	2	9	4	5	7	1	3
5	3	4	8	7	1	2	6	9
9	1	7	6	3	2	4	5	8
2	7	5	1	6	9	8	3	4
4	6	8	5	2	3	1	9	7
3	9	1	7	8	4	6	2	5
8	5	6	2	9	7	3	4	1
7	4	9	3	1	6	5	8	2
1	2	3	4	5	8	9	7	6

190

8	2	1	4	3	6	9	5	7
3	5	9	8	2	7	6	4	1
7	6	4	5	1	9	2	8	3
2	8	6	1	5	3	7	9	4
9	4	3	7	8	2	1	6	5
5	1	7	9	6	4	8	3	2
4	9	2	6	7	5	3	1	8
1	7	5	3	9	8	4	2	6
6	3	8	2	4	1	5	7	9

Solutions

191

4	6	1	9	3	8	2	7	5
9	8	7	2	4	5	3	1	6
3	5	2	7	1	6	9	8	4
8	4	6	1	7	2	5	9	3
2	1	9	5	8	3	6	4	7
7	3	5	6	9	4	1	2	8
5	7	3	4	2	9	8	6	1
6	2	4	8	5	1	7	3	9
1	9	8	3	6	7	4	5	2

192

8	4	7	1	6	3	9	5	2
3	2	6	8	5	9	4	1	7
9	1	5	7	4	2	8	6	3
6	5	8	4	2	1	3	7	9
2	7	3	9	8	5	1	4	6
4	9	1	6	3	7	5	2	8
7	3	4	2	1	8	6	9	5
1	8	2	5	9	6	7	3	4
5	6	9	3	7	4	2	8	1

Solutions

THE ✪ TIMES

Su Doku

THE ☙ TIMES

Su Doku

Also available:

193

4	7	5	9	6	2	8	3	1
8	9	1	4	3	5	7	2	6
3	2	6	8	1	7	5	9	4
9	3	2	1	7	6	4	5	8
5	8	7	3	4	9	6	1	2
1	6	4	2	5	8	9	7	3
6	4	3	7	9	1	2	8	5
2	5	9	6	8	3	1	4	7
7	1	8	5	2	4	3	6	9

194

1	5	2	3	6	7	4	9	8
6	3	8	4	2	9	5	1	7
4	9	7	5	8	1	6	2	3
2	6	1	8	7	3	9	5	4
5	8	9	1	4	2	7	3	6
3	7	4	6	9	5	2	8	1
8	2	6	9	1	4	3	7	5
7	1	5	2	3	6	8	4	9
9	4	3	7	5	8	1	6	2

Solutions

195

3	8	2	4	6	7	1	5	9
7	4	1	5	3	9	8	2	6
6	5	9	1	8	2	4	7	3
9	3	4	8	7	5	2	6	1
8	7	6	2	9	1	5	3	4
2	1	5	6	4	3	7	9	8
1	9	7	3	2	4	6	8	5
5	2	8	9	1	6	3	4	7
4	6	3	7	5	8	9	1	2

196

4	2	1	9	3	5	7	6	8
6	9	3	7	8	4	1	5	2
8	5	7	2	1	6	3	4	9
3	7	4	8	5	9	2	1	6
9	6	5	3	2	1	4	8	7
2	1	8	6	4	7	5	9	3
5	8	6	1	7	3	9	2	4
1	3	2	4	9	8	6	7	5
7	4	9	5	6	2	8	3	1

Solutions

197

7	6	5	1	2	3	4	8	9
1	4	9	5	6	8	7	3	2
3	2	8	4	9	7	5	1	6
2	9	1	8	3	5	6	7	4
8	7	3	9	4	6	1	2	5
6	5	4	2	7	1	8	9	3
4	8	2	7	5	9	3	6	1
5	1	6	3	8	2	9	4	7
9	3	7	6	1	4	2	5	8

198

5	7	3	4	2	1	6	9	8
6	8	2	7	5	9	1	3	4
4	1	9	6	8	3	2	7	5
7	6	5	1	4	2	9	8	3
9	4	1	8	3	6	7	5	2
2	3	8	9	7	5	4	6	1
3	9	4	5	1	7	8	2	6
1	5	6	2	9	8	3	4	7
8	2	7	3	6	4	5	1	9

Solutions

199

8	1	5	9	7	4	3	6	2
9	2	6	3	1	8	5	4	7
7	3	4	6	5	2	9	8	1
4	6	7	5	2	3	1	9	8
2	8	3	7	9	1	4	5	6
5	9	1	8	4	6	2	7	3
3	5	9	2	6	7	8	1	4
6	4	8	1	3	5	7	2	9
1	7	2	4	8	9	6	3	5

200

3	9	6	5	2	8	7	1	4
1	5	8	4	7	3	2	6	9
4	7	2	9	6	1	5	3	8
6	2	4	3	9	7	8	5	1
5	1	9	6	8	4	3	2	7
7	8	3	2	1	5	9	4	6
8	3	5	7	4	6	1	9	2
9	4	1	8	5	2	6	7	3
2	6	7	1	3	9	4	8	5

Solutions